**rowohlts monographien
begründet von Kurt Kusenberg
herausgegeben
von Wolfgang Müller und Uwe Naumann**

Theodor W. Adorno

mit Selbstzeugnissen
und Bilddokumenten
dargestellt von
Hartmut Scheible

Rowohlt

Dieser Band wurde eigens für «rowohlts monographien» geschrieben
Den Anhang besorgte der Autor
Herausgeber: Klaus Schröter
Mitarbeit: Uwe Naumann
Assistenz: Erika Ahlers
Schlußredaktion: K. A. Eberle
Umschlaggestaltung: Werner Rebhuhn
Vorderseite: (Foto: Wolfgang Haut)
Rückseite: Die alte Frankfurter Oper (Foto: Keystone)

Veröffentlicht im Rowohlt Taschenbuch Verlag GmbH,
Reinbek bei Hamburg, Mai 1989
Copyright © 1989 by Rowohlt Taschenbuch Verlag GmbH,
Reinbek bei Hamburg
Alle Rechte an dieser Ausgabe vorbehalten
Satz Times (Linotron 202)
Gesamtherstellung Clausen & Bosse, Leck
Printed in Germany
1290-ISBN 3 499 50400 6

4. Auflage. 17.–18. Tausend Mai 1996

Inhalt

Jugend in Frankfurt   7
Herein – Hinaus   21
«Ich küsse Ihre Hand, Madame»   39
Komponierstil der Freiheit   50
Die Aktualität der Philosophie   58
Kritik der Unmittelbarkeit   74
Ein Europäer in New York   94
Autoritäre Aufklärung   104
Soziologie und empirische Forschung   125
Theorie und Praxis   131

Anmerkungen   147
Zeittafel   151
Zeugnisse   152
Bibliographie   153
Namenregister   156
Über den Autor   158
Quellennachweis der Abbildungen   159

Theodor W. Adorno, 1967

Jugend in Frankfurt

Seit den frühen zwanziger Jahren entfaltet Adorno eine sehr lebhafte musikkritische und musiktheoretische Tätigkeit; von Februar 1922 an kommentiert er intensiv das Frankfurter Musikleben. Vergleicht man diese Artikel mit den ersten philosophischen Arbeiten, der Dissertation von 1924 und der ersten, im August 1927 abgeschlossenen Habilitationsschrift, so fällt sofort auf, daß die akademischen Bemühungen konventionell wirken, sorgfältig darauf bedacht, nichts vorzutragen, was nicht durch die Autorität des Lehrers Hans Cornelius, eines entschiedenen Neukantianers, gedeckt ist. Dagegen sind schon die frühesten Musikkritiken von starkem Selbstvertrauen geprägt, die Urteile sind selbständig, der Konflikt mit der Konvention wird nicht gemieden, sondern zielstrebig gesucht, und vor allem läßt der junge Autor von Anfang an keinen Zweifel daran aufkommen, daß er seine Urteile keineswegs als bloße Meinungsäußerungen verstanden wissen will, eher als Bausteine zu einer Ästhetik, die er zwar selbst vorerst nur in Umrissen kennt, die sich aber eines Tages allgemein durchsetzen wird. Insgesamt befindet sich die Philosophie der Musik gegenüber um fast ein Jahrzehnt im Rückstand, erst um das Jahr 1930, mit dem Kierkegaard-Buch, ist ein annähernder Gleichstand erreicht. – Diese Ungleichzeitigkeit dürfte im wesentlichen in der Herkunft begründet sein. Der Umgang mit Musik ist schon für das Kind selbstverständlich, während die Auseinandersetzung mit philosophischen Fragen erst später hinzukommt, in einer akademischen Umgebung zudem, die zwar aufgeschlossen und liberal ist, aber auch noch geprägt von der Vorstellung, daß das Ideal wissenschaftlichen Arbeitens der Zusammenschluß aller einzelnen Momente zum System sei. Von Experiment und Aufbruchsstimmung ist hier einstweilen nichts zu spüren.

Von Adorno, der am 11. September 1903 in Frankfurt am Main geboren wurde, existieren nur wenige über einen längeren Zeitraum ausgeführte autobiographische Äußerungen; die umfangreichsten sind die Erinnerungen an die Zeit als Kompositionsschüler von Alban Berg in Wien, Mitte der zwanziger Jahre, sowie der Bericht über die Arbeit in den Vereinigten Staaten.[1*] Bei den meisten autobiographischen Bemer-

---

* Die hochgestellten Ziffern verweisen auf die Anmerkungen S. 147 f.

kungen handelt es sich um Momentaufnahmen, wie es etwa das Kinderbild ist, das in der Einleitung der Skizze *Vierhändig, noch einmal* sichtbar wird. Der kleine Aufsatz erschien im Dezember des Jahres der
nationalsozialistischen Machtergreifung.

*Jene Musik, die wir die klassische zu nennen gewohnt sind, habe ich als
Kind kennengelernt durchs Vierhändigspielen. Da war wenig aus der
symphonischen und kammermusikalischen Literatur, was nicht ins häusliche Leben eingezogen wäre mit Hilfe der großen, vom Buchbinder ein-
heitlich grün gebundenen Bände im Querformat. Sie schienen wie gemacht, umgeblättert zu werden, und ich durfte sie umblättern, längst ehe
ich die Noten kannte, nur der Erinnerung und dem Gehör folgend...
Besser als jede andere schickte diese Musik sich in die Wohnung. Sie
wurde auf dem Klavier als einem Möbel hervorgebracht, und die sie ohne
Scheu vor Stockungen und falschen Noten traktierten, gehörten zur Familie. – Vierhändigspielen legten mir die Genien des bürgerlichen neunzehnten Jahrhunderts als Geschenk an die Wiege im beginnenden zwanzigsten.
Die vierhändige Musik: das war die, mit welcher sich noch umgehen und
leben ließ, ehe der musikalische Zwang selber Einsamkeit und geheimes
Handwerk befahl... Aber das Vierhändigspielen war besser als die Toten-
insel überm Büffet: stets noch mußte er wahrhaft die Symphonie erwer-
ben, um sie zu besitzen: sie spielen. Und er spielte sie nicht gänzlich pri-
vat; er durfte nicht, wie er es mit seinen Griegschen Lyrischen Stücken
gewohnt war, Tempo und Dynamik nach dem Belieben seiner Triebregungen modifizieren, sondern mußte sich nach Text und Vorschrift des Werkes richten, wenn er nicht den Zusammenhang mit dem Partner verlieren
wollte.*[2]

Die häusliche Szene ist unverkennbar. So ist keine Frage, wem das
Kind hier die Noten umblättert. Am Klavier sitzt die Mutter, Maria,
geborene Calvelli-Adorno delle Piane, vormals kaiserliche Hof-Opern-
sängerin, katholisch, Tochter einer deutschen Sängerin und eines französischen Offiziers korsischer Abstammung; für ihren einzigen Sohn
Theodor Ludwig, dem sie im Alter von 37 Jahren das Leben geschenkt
hatte, wird es später eine unumstößliche Tatsache sein, daß diese Herkunft direkt auf das Geschlecht der Dogen von Genua verweist – in bürgerlichen Kreisen eigentlich nicht die beste Empfehlung, da die Republik
Genua einst, um den Bankrott abzuwenden, die Insel Korsika an Frankreich verkaufen mußte. Neben der Mutter deren unverheiratete Schwe-
ster Agathe, Pianistin, Begleiterin der berühmten Sängerin Adelina
Patti; von ihr wird Adorno stets als von seiner *zweiten Mutter* sprechen.
Nicht im Bild erscheint der Vater, Oscar Alexander Wiesengrund, erfolg-
reicher Weingroßhändler, Jude, ein «kleiner, schlanker und zäher
Typ», von dem mit Ausnahme seiner «lebhaften Anglomanie»[3] wenig be-
kannt ist. Anders als etwa die – ebenfalls wohlhabenden – Väter Walter
Benjamins und Max Horkheimers, die, gegebenenfalls auch durch

finanzielle Pressionen, die berufliche Entwicklung der Söhne direkt zu beeinflussen versuchen, scheint sich Oscar Wiesengrund mit dem Bewußtsein begnügt zu haben, das Ziel des assimilierungswilligen Judentums, den Anschluß an die deutsche bürgerliche Kultur, für seine Person und in seinem Hause auf geradezu glänzende Weise erreicht zu haben. Darauf verweist auch die einzige von ihm überlieferte persönliche Reaktion: als Leo Löwenthal seine aus Ostpreußen stammende Braut in Frankfurt einführt[4], sind die etablierten Familien alarmiert – Oscar Wiesengrund, wie es scheint, in besonderem Ausmaß –, als kündige sich hiermit bereits die stets befürchtete Überfremdung durch ostjüdische Zuwanderer an, die weniger wohlhabend, dafür aber in ihrem Gebaren sehr viel jüdischer waren, als den eingesessenen Frankfurter Juden lieb war.

In der Topographie der zentral gelegenen Handelsstadt Frankfurt erschien dieser Gegensatz innerhalb des europäischen Judentums noch einmal.[5] Während der ersten Hälfte des 19. Jahrhunderts hatte es die Kluft zwischen dem vornehmen Westen und dem kleinbürgerlichen Osten der Stadt noch nicht gegeben; die Bankierfamilie Bethmann hatte ihr Palais im Osten, nicht weit entfernt von einem Schwerpunkt der bürgerlichen Kultur, dem klassizistischen Gebäude der Stadtbibliothek, von dem nach 1945 nur noch die Fassade übrigblieb (die, ein symbolischer Vorgang, als solche konserviert wurde). In der zweiten Jahrhunderthälfte bildet sich der Gegensatz zwischen Ost und West dann sehr rasch heraus. In der Handels- und Geldstadt Frankfurt wirkt sich die bürgerliche Gleichstellung der Juden eher als anderswo auch auf das Stadtbild aus. In Siegfried Kracauers Roman «Ginster» ist vom Westend die Rede als dem Viertel, «wo die Villen und die Herrschaftshäuser sich in ihre Vorgärten zurückziehen, damit der Asphalt sie nicht streift. Hier sind die Straßen am Sonntagnachmittag verlassen, und die Häuser verstecken ihre Türen. Die Herrschaften sitzen hinter den Vorhängen oder sind auf dem Land.»[6] Für die assimilierten, ihres Ursprungs entfremdeten Juden ist schon der Osten der Stadt kaum von dem ostjüdischen «Schtetl» zu unterscheiden: «Glatte Hausfronten, dahinter Höfe, aus denen die Juden quollen. Sie trugen Kaftane und wallende Bärte, sie redeten zu zweit, als ob sie zu vieren gingen – Juden, die wie Imitationen wirkten, so echt sahen sie aus. Die breit angelegten Straßen ... wurden von den Kaftanen künstlich verengt.»[7] Im Westen Privatheit, Isolation, Schweigen, Seßhaftigkeit, Distanzierung von den Verkehrswegen, auf denen die Heimatlosen zu Hause sind. Im Osten führt alle Bewegung aus den Häusern auf die Straße: laute Gespräche, ausufernde Gestik, ein Volk von Nomaden, das durch die Wüste zieht, mit wallenden Bärten und Gewändern, die die Körpergrenze unscharf werden lassen und beim Beobachter Berührungsangst auslösen, als könne auch das eigene, mühsam zusammengehaltene Ich plötzlich zerfließen.

Das Westend, das sich, unter lebhafter Beteiligung reicher jüdischer

Villengrundstück im Frankfurter Westend (Ausschnitt aus dem Delkeskamp-Plan, um 1860)

Kaufleute und Unternehmer, aus der Bebauung der an der Bockenheimer Landstraße gelegenen Grundstücke entwickelt, hat zunächst kein eigenes kulturelles Zentrum aufzuweisen. Da fallen, gegen den erbitterten Widerstand des Frankfurter Ostens, kurz hintereinander zwei Entscheidungen, die die Verlagerung des wirtschaftlichen und kulturellen Schwerpunkts in den Westen der Stadt besiegeln: im Januar 1869 wird beschlossen, den Palmengarten, der die Sammlungen des ehemaligen Herzogs Adolf von Nassau aufnehmen soll, an der Nordseite der Bockenheimer Landstraße anzulegen. Drei Jahre später wird die Niederlage des Ostens bestätigt durch die Entscheidung, daß das Opernhaus am Bockenheimer Tor gebaut werden soll, also auf der Schwelle zwischen dem Geschäftsviertel mit der Börse und dem Westend, einer reinen Wohngegend. Danach gerät sehr rasch in Vergessenheit, daß es überhaupt einmal Rivalität zwischen dem Osten und dem Westen der Stadt gegeben hatte.

Das Bild von Privatheit, das Adorno in *Vierhändig, noch einmal* entwirft, läßt keinen Zweifel daran, daß die Familie sich völlig selbstverständlich dem «Westen» zuordnet, auch wenn sie nicht im Westend ihren Wohnsitz hat, sondern in einem schönen klassizistischen Haus am Main; schon Arthur Schopenhauer hatte die Uferstraße, deren Name – «Schöne Aussicht» – einen merkwürdigen Kontrast zu seiner Lehre bildete, bevorzugt. Erst später zieht die Familie Wiesengrund in den

Adornos Elternhaus, Seeheimer Straße 19

«Die Synagoge». *Gemälde von Max Beckmann, 1919. Die dargestellte Frankfurter Synagoge wurde 1938 von den Nazis niedergebrannt*

Vorort Oberrad um (Seeheimer Straße 19). Das Judentum wird «verdrängt», wie der Vater, von dem angesichts der symbiotischen Einheit der Musizierenden überhaupt undenkbar ist, daß er jemals auf der Bildfläche erscheinen könnte.

Normalerweise war es in den assimilierten jüdischen Familien üblich, daß die religiöse Überlieferung aus einem vagen Gefühl der Pietät wenigstens der Form nach, und auch nur an den hohen Feiertagen, geachtet wurde; selbst die Juden des Frankfurter Westends hatten in der Freiherr vom Stein-Straße eine Synagoge gebaut. Diese Anhänglichkeit an die Religion der Väter war innerhalb der jüdischen Gemeinde nicht unumstritten. So hatte schon der bedeutende Rabbiner Samson Raphael Hirsch (1808–88), der seit 1851 in Frankfurt wirkte, mehr als zwanzig Jahre gegen die Zwangsmitgliedschaft (die die Steuerpflicht einschloß) aller Frankfurter Juden in der Israelitischen Gemeinde angekämpft, um die Teilnahme am religiösen Leben zu einem Akt persönlicher Entscheidung zu machen.[8] Aber erst nach dem Krieg setzt sich innerhalb des Judentums die Besinnung auf die eigenen Ursprünge und Traditionen durch. Im galizischen «Schtetl» waren die Soldaten einem vitalen, in ungebrochenen Traditionen lebenden Judentum begegnet, dessen Existenz ihnen unbekannt gewesen war. Hier war etwas sichtbar geworden, was man der allgemeinen Orientierungslosigkeit nach dem Krieg entgegenhalten konnte; zugleich ließ durch die Betonung des eigenen Judentums der Protest gegen die Generation der Väter sich äußerst wirkungsvoll in

Szene setzen. Leo Löwenthal gehört, ebenso wie Erich Fromm, Martin Buber, Siegfried Kracauer, Ernst Simon zum Kreis um den charismatischen Rabbiner Dr. Nehemias Anton Nobel, der zwar selbst nicht orthodox ist, dem Zionismus jedoch Sympathien entgegenbringt und durch seine Predigten vor allem die jungen Leute anzieht, die sich auf ihr Judentum besinnen wollen. Schon vor dem plötzlichen Tod von Nobel im Jahre 1922 war, am 17. Oktober 1920, das Freie Jüdische Lehrhaus[9] eröffnet worden, dessen treibende Kraft, Franz Rosenzweig, gleichfalls ein Anhänger Nobels, war. Der 1886 geborene, einer großbürgerlichen Familie entstammende Rosenzweig, dem seine glänzende Dissertation «Hegel und der Staat» die akademische Karriere ohne weiteres eröffnet hätte, hatte sich kurz vor Ausbruch des Krieges mit intensiven Studien dem Judentum zugewandt; während des Krieges schrieb er sein Buch «Stern der Erlösung», ein Werk, das in den zwanziger Jahren auf zahlreiche jüdische Intellektuelle, darunter auch Walter Benjamin, bedeutende Wirkung ausübte.

Alle diese jüdischen Aktivitäten scheinen an dem jungen Theodor Wiesengrund spurlos vorübergegangen zu sein, obwohl sein um elf Jahre älterer Freund Kracauer direkten Kontakt mit Nobel und Rosenzweig pflegt. Da der Vater, wie das Kinderbild unmißverständlich verrät, in seinem Leben keine Rolle spielt – in dem Bild ist gleichsam schon die in der Emigration vollzogene Ablegung des Namens Wiesengrund angekündigt –, bedarf es keiner Auflehnung gegen eine Autorität. Auch ein äußeres Motiv, sich mit dem Judentum auseinanderzusetzen, gab es für «Teddie» Wiesengrund-Adorno (auf der Eintragung des Doppelnamens hatte die Mutter bestanden[10]) nicht: Antisemitismus ist, wie alle Zeugen der Zeit übereinstimmend berichten, im Frankfurt der zwanziger Jahre so gut wie unbekannt. «Wir haben immer mit einem gewissen Humor davon Kenntnis genommen», bemerkt Leo Löwenthal, «daß es in Frankfurt ein winziges Hotel gab... das hatte ein Schild ‹Juden nicht willkommen› oder ‹Juden unerwünscht›. Dann gab es auch einen kleinen Badeort, Borkum bei Norderney, der für Antisemiten ‹reserviert› war. Aber das alles haben wir nicht ernst genommen... von einer Art Antisemitismus, die es einem unmöglich macht, in bestimmte Restaurants, Hotels oder Clubs zu gehen, habe ich erst hier in Amerika erfahren.»[11]

Die Welt des Kindes ist geprägt von Privatheit, Intimität, Weiblichkeit; sie kennt keine Autorität als Institution und Ordnung wird nicht als Repression erfahren, sondern nur in der sublimierten Form des Kunstwerks. Diese Welt ist in sich geschlossen, wie sonst nur das Märchen, auf dessen Sphäre mit der Formel *an die Wiege gelegt* angespielt wird. Widerstand, Härte, den Druck der Lebensnot kennt Adornos Kinderwelt nicht. Die Bände, die die Schrift enthalten, nach der sich Ordnung, Einheit, das Gefühl von Zusammengehörigkeit einstellen, scheinen schon von sich aus *wie gemacht, umgeblättert zu werden* – vor allem aber sind sie gemacht, das Selbstgefühl des Kindes und sein Vertrauen in die unzerstörbare Harmonie mit der Außenwelt immer aufs neue zu bestätigen. Denn das Kind, das die Notenschrift nicht lesen kann, sondern nur nach Erinnerung und Gehör die Seiten umblättert, erlebt immer wieder neu die unerhörte Genugtuung, daß die beiden Mütter getreulich das realisieren, was es vermöge seiner Einbildungskraft ihnen vorgeschrieben hat; was soeben noch nur im Bewußtsein des Kindes war, wird im gleichen Augenblick schon zur Wirklichkeit. So stellt sich eine unzerstörbare Einheit mit den Müttern her: ihr Spiel bestätigt immer aufs neue die Ordnung, die in der Erinnerung des Kindes schon bereit liegt, und stets ist seine Erinnerung zugleich die Zukunft, die sich ununterbrochen in erfüllte Gegenwart verwandelt. Für das unerschütterliche, von Zweifeln niemals auch nur gestreifte Selbstbewußtsein Adornos ist in Situationen wie dieser der Grund gelegt worden, aber auch für die utopischen Hoffnungen, die in seinen Schriften selbst dort noch anzutreffen sind, wo sich trostloser Pessimismus ausbreitet. Die sinnhafte Ordnung, die das Kind, als ihr Mittelpunkt, erfahren hat, ist so dicht, daß auch die radikale Negativität ihr letzten Endes nichts anhaben kann.

Es kann nicht ausbleiben, daß in dieser von Weiblichkeit und Musik geprägten Welt das Realitätsprinzip, die Fähigkeit, äußere Widerstände wahrzunehmen, sie einzuschätzen, um sie entweder zu beseitigen oder durch Unterwerfung sich ihnen anzupassen, nicht voll ausgebildet wird. Bis in die letzten Lebensjahre wird die Person Adornos einen im einzelnen schwer dingfest zu machenden, dennoch unübersehbaren spätkindlichen Eindruck vermitteln, so daß es leicht fällt, ihm gegenüber den «richtigen Erwachsenen»[12] hervorzukehren. Fraglos aber bedeutet das nicht ganz realitätsgerechte Verhalten nicht nur Gefährdung, es bietet auch Schutz vor einer bedrängenden Außenwelt. «Kritik und Spott auch nur wahrzunehmen», wird Adorno zeitlebens außerordentlich schwerfallen; als er Anfang der sechziger Jahre vor einer Premiere von Alban Bergs «Lulu» in der Frankfurter Oper einen einleitenden Vortrag hält, reagiert das überforderte Publikum sehr bald mit deutlicher Ablehnung. «Er ignorierte das lauter und lauter werdende Schwatzen, Gelächter, Zwischenrufe und brachte seinen Text zum gewollten Abschluß, überzeugt, auch diesem Publikum ein neues Verständnis eröffnet zu haben.»[13] Dieser Schutzmechanismus wirkte sich noch bis in solche Kleinigkeiten aus, denen Adorno sein Lieblingswort vom *Abhub der Erscheinungswelt* nicht versagt hätte. Wenn er, der während der Vorlesung im Hörsaal VI der Frankfurter Universität im allgemeinen frei sprach, von Zeit zu Zeit zu seinen Stichworten zurückkehrte und ein Blatt zurückschlug, ereignete sich regelmäßig eine Serie von Kollisionen zwischen dem unvermeidlichen gelben Max Krause-Block und dem Mikrophon; die Folge war ein infernalischer

14

Adorno, 1917 in Frankfurt a. M.

Lärm, den der Vortragende vielleicht gar nicht wahrnahm, jedenfalls aber bis zu seinem Lebensende nicht mit seiner Person in Zusammenhang brachte.

Nicht nur läßt der Aufsatz vom Dezember 1933 erkennen, warum die Bilderwelt der Kindheit für Adorno ein Leben lang verbindlich bleibt, er

Amorbach im Odenwald, wo Adorno mit seinen Eltern häufig in der Sommerfrische war

gibt auch Aufschluß über ästhetische und sogar politische Urteile, die schon früh feststehen und niemals in Frage gestellt werden. Das gilt zunächst für den Expressionismus, dessen Anfänge in die Zeit seiner Kindheit fallen. Der Expressionismus war nicht nur eine rein künstlerische Bewegung, er war in der Regel auch gegen die Generation der Väter gerichtet, in denen die hartherzigen Bewahrer erstarrter Institutionen gesehen wurden. Der Konflikt zwischen Vater und Sohn ist das zentrale Thema des literarischen Expressionismus; nicht nur in der Psychoanalyse, auch in der Literatur ranken sich Phantasien um den Vatermord. Es bedarf dann häufig nur eines geringen Anstoßes, damit der Schritt vom expressionistischen Aufstand gegen den Vater zum revolutionären Engagement für eine veränderte Gesellschaft vollzogen wird. Bei Adorno dagegen, für den der Expressionismus niemals Rebellion gegen den Vater, sondern immer nur eine künstlerische, allerdings mit ethischen Motiven verknüpfte Bewegung bedeutet (*Expressionismus und künstlerische Wahrhaftigkeit* ist der Titel seiner ersten kunsttheoretischen Veröffentlichung), ist das Engagement für eine veränderte Welt immer durch die ästhetische Form, durch das Kunstwerk vermittelt. Wenn er dennoch versucht, künstlerische Auseinandersetzungen unmittelbar auf Politik zu beziehen, stellt sich sofort der Eindruck ein, daß er sich im Ton vergriffen hat; so wirkt der Begriff «Klassenkampf», der gegen Ende der zwanziger Jahre in Adornos Musikkritiken vereinzelt auftaucht, fast peinlich, wie ein Schluckauf in feiner Gesellschaft.

In engem Zusammenhang hiermit steht die äußerst kritische Haltung, die Adorno gegen alle vermeintlichen oder tatsächlichen Kollektive entwickelt, ob es sich um das Judentum handelt – der zeitweise an der Frankfurter Universität lehrende Martin Buber wird als *Religionstiroler* verspottet, Löwenthal und Fromm gelten ihm als *Berufsjuden*[14] –, die Jugendbewegung, die noch den bewunderten Walter Benjamin prägte, oder auch um das angeblich klassenbewußt und solidarisch sich verhaltende Proletariat. Beim Vierhändigspielen hatte er beispielhaft erfahren, daß durch die Kunst eine Gemeinsamkeit und Intimität zwischen den Menschen herstellbar ist, die zwar über die Familie nicht hinausreicht, dafür aber schlechterdings nicht überboten werden kann. An der Intimität des Kindheitserlebnisses werden, bewußt oder unbewußt, alle Formen von Kollektivität gemessen, die das Zeitalter zu bieten hat, und alle verfallen der Kritik.

So stellt sich eine Konstellation her, die sich prägend für Adornos gesamtes Werk auswirken wird. Auf der einen Seite wird durch das während der Kindheit intensiv erlebte Gefühl von Gemeinschaft, Intimität und Geborgenheit das kritische Sensorium gegen alle kollektivistischen Ideologien, gegen jeden nur schwächlichen Ersatz von Gemeinschaft, gestärkt und bis zu absoluter Unbestechlichkeit ausgebildet. Der Preis hierfür ist jedoch, daß sich gegen das frühe Erlebnis eigentlich nichts behaupten kann; gegen das Absolute gehalten, muß alles bloß Relative einer vernichtenden Kritik verfallen – und schon im Begriff von «Gesellschaft» ist begründet, daß sie, aus dem Zusammenwirken endlicher und fehlbarer Wesen hervorgegangen, immer etwas Relatives bleiben wird. Auch die «richtige» Gesellschaft, wie auch immer sie vorzustellen wäre, müßte hinter dem frühen Erlebnis zurückbleiben. Daher bleiben schließlich *Einsamkeit und geheimes Handwerk*

Anzeige der väterlichen Firma, aus der «Frankfurter Zeitung»

allein übrig: der Weg der kritischen Negation alles Bestehenden, der seinen konsequenten Abschluß findet in der Position des völlig vereinsam-
ten Intellektuellen, der allein noch dem Weltlauf Widerstand entgegen-
setzen kann. Aus dieser Haltung heraus entstehen in den Jahren des
Exils Adornos Hauptwerke *Minima Moralia* und *Philosophie der neuen
Musik*.

Daß der überragend begabte Teddie Wiesengrund – mit diesem Namen ist seine erste Veröffentlichung gezeichnet, *Zur Psychologie des
Verhältnisses von Lehrer und Schüler*, erschienen im Oktober 1919 in der
«Frankfurter Schüler-Zeitung» – in der Schule keine Schwierigkeiten
hat, versteht sich von selbst. Nach einem nur dreijährigen Besuch der
Volksschule wechselt er an das Kaiser Wilhelm-Gymnasium in Sachsen-
hausen. Hier überspringt er die Unterprima, so daß er schon zu Ostern
1921 die Reifeprüfung ablegen kann, als Primus omnium und befreit von
den mündlichen Prüfungen. Nur die mathematische Abitursarbeit wird
als «noch genügend» eingestuft, «mit Bedenken», wie der korrigierende
Lehrer ausdrücklich hinzufügt; Wiesengrund findet sich hier lediglich
auf Platz elf (von dreizehn).

Trotzdem scheint der Heranwachsende, der an die Fürsorge seiner
zwei Mütter gewöhnt war, die Schule zeitweise als Belastung empfunden
zu haben, und zwar als gesellschaftliche Institution. Dem Kinderbild in
Vierhändig, noch einmal entspricht ein anderes Selbstportrait, das
Adorno in den *Minima Moralia* von sich selbst als Schüler entwirft, mit
der Überschrift *Der böse Kamerad*. Der Faschismus habe, so scheint es
Adorno in der Perspektive der Emigration, schon in seine Kindheit
seine Sendboten vorausgeschickt: *Meine Schulkameraden*. Die *Unterdrückung aller durch alle* haben, so will es ihm zumindest im Rückblick
scheinen, lange vor der historischen Stunde des Faschismus bereits Kinder eingeübt, *die schon mit Vornamen Horst und Jürgen und mit Nachnamen Bergenroth, Bojunga und Eckhardt hießen... Der Ausbruch des
Dritten Reiches überraschte mein politisches Urteil zwar, doch nicht
meine unbewußte Angstbereitschaft... oft kam es meinem törichten Entsetzen vor, als wäre der totale Staat eigens gegen mich erfunden worden,
um mir doch noch das anzutun, wovon ich in meiner Kindheit, seiner
Vorwelt, bis auf weiteres dispensiert geblieben war. Die fünf Patrioten, die
über einen einzelnen Kameraden herfielen, ihn verprügelten und ihn, als
er beim Lehrer sich beklagte, als Klassenverräter diffamierten – sind es
nicht die gleichen, die Gefangene folterten, um die Ausländer Lügen zu
strafen, die sagten, daß jene gefoltert würden? Deren Hallo kein Ende
nahm, wenn der Primus versagte – haben sie nicht grinsend und verlegen
den jüdischen Schutzhäftling umstanden und sich mokiert, wenn er allzu
ungeschickt sich aufzuhängen versuchte? Die keinen richtigen Satz zustande brachten, aber jeden von mir zu lang fanden – schafften sie nicht
die deutsche Literatur ab und ersetzten sie durch ihr Schrifttum?*[15]

Adorno mit Mutter und Tante, Anfang der zwanziger Jahre

Hier liegt das genaue Gegenbild zu der etwa zehn Jahre zuvor vergegenwärtigten Kinderszene vor. Während das Kind Gegenstand aller Zuwendung war und zugleich aktiv das musikalische Geschehen organisierte, herrscht in der Schule eine Situation des Ausgeliefertseins vor, die allenfalls passive Reaktionen zuläßt. Dennoch: das «Centrumsgefühl»[16], das während der Kindheit alles Selbstvertrauen begründet hat, fehlt auch in der Schülerszene nicht: der Primus steht im Mittelpunkt, nur ist die Zuwendung, die er erfährt, ins Negative gewendet, als Ressentiment und Feindseligkeit. Das Centrumsgefühl wird zur Hohlform, die sich mit Angst anfüllt. Trotzdem bleibt es bestehen, und zwar als Voraussetzung und Legitimation für das von Adorno als selbstverständlich unterstellte Recht, subjektive Erfahrungen als Anzeichen objektiver Sachverhalte zu interpretieren; daher kann es ihm so vorkommen, als habe der Faschismus sich speziell gegen seine Person gerichtet. Solcherart – wie Adorno es nennen wird – *idiosynkratisches* (begriffsloses, aber, weil mit körperlichen Reaktionen vermittelt, mit Notwendigkeit sich vollziehendes) Verhalten, das den Künstler unmittelbar auf das Material reagieren läßt, ist auch für den Theoretiker unentbehrlich, und in der Tat werden häufig Adornos schärfste Einsichten durch Idiosynkrasie ausgelöst. Allerdings zeigt gerade auch das Stück über den bösen Kameraden, daß Idiosynkrasie zwar der unentbehrliche Ausgangspunkt für die theoretische Reflexion sein mag, daß sie aber auch dieser Reflexion b e d a r f , wenn sie nicht in schieres Ressentiment und Vorurteil umschlagen soll. Auch der Antisemit reagiert idosynkratisch, und aus der gebieterischen Gewalt, mit der er sein Vorurteil erlebt, leitet er das Recht ab, blindwütig gegen das Objekt seines Hasses vorzugehen. Die theoretische Reflexion hat also zwar nicht vor, wohl aber hat sie unmittelbar nach der idiosynkratischen Erfahrung einzusetzen. Dem wird Adorno nicht gerecht, wenn er Namen nennt, die mit keiner anderen Begründung als einem denunziatorischen *schon* (*Die schon mit Vornamen Horst und Jürgen und mit Nachnamen Bergenroth, Bojunga und Eckhardt hießen*) als Wegbereiter des Faschismus stigmatisiert werden. Ein solches Urteil ist von dem antisemitischen Ressentiment, das sich etwa gegen den Namen Wiesengrund richtete, kaum zu unterscheiden.

Herein – Hinaus

Auch die Frankfurter Universität, die Adorno zum Sommer-Semester 1921 bezieht, um Philosophie, Soziologie, Psychologie und Musikwissenschaft zu studieren, wirkt sich zunächst vor allem als Institution auf seine Entwicklung aus, insofern, als die avantgardistische Philosophie, die er in demselben Jahr kennenlernt – Blochs «Geist der Utopie», «Die Theorie des Romans» von Lukács –, zunächst keine sichtbaren Spuren hinterläßt. Dabei kann keinesfalls gesagt werden, daß unter den Talaren der in Frankfurt Lehrenden sich der «Muff von tausend Jahren» abgelagert hätte. Die Frankfurter Universität war erst wenige Jahre zuvor, zum Winter-Semester 1914, eröffnet worden; vor allem aber konnte sie für sich in Anspruch nehmen, die fortgeschrittensten Entwicklungen, die das Bürgertum seit der Aufklärung hervorgebracht hatte, institutionell gerade zu einer Zeit abgesichert zu haben, da das Bürgertum sich damit abgefunden hatte, daß nach dem Scheitern der demokratischen Einigungsbestrebungen von 1848 der Nationalstaat nur um den Preis eines weitgehenden Verzichts auf politische Autonomie zu errichten war. In Frankfurt war die «erste deutsche Universität, die nicht mehr kirchlicher oder staatlicher Initiative entsprungen ist»[17], entstanden. Auslösendes Moment war die unter demütigenden Umständen vollzogene Annexion der Freien Reichsstadt Frankfurt durch Preußen nach dem Krieg von 1866, der mit dem Ausscheiden Österreichs aus dem Deutschen Bund die endgültige Bestätigung der preußischen Hegemonie mit sich gebracht hatte. Dem letzten Älteren Bürgermeister der Reichsstadt, Karl Fellner, ging der Verlust der Unabhängigkeit Frankfurts so nahe, daß er sich das Leben nahm; der antipreußische Affekt blieb in Frankfurt erhalten, obwohl die Stadt unter zwei herausragenden Oberbürgermeistern, Johannes von Miquel und, seit 1891, Franz Adickes, eine sehr günstige wirtschaftliche Entwicklung genommen hatte. Durch zahlreiche Eingemeindungen war die Stadt in der Lage, der stürmisch expandierenden chemischen Industrie günstige Standorte zu bieten: im Jahre 1908 wurden 599 Millionäre in der Stadt gezählt.[18] Unter diesen Umständen lag es nahe, als Kompensation für die verlorene Unabhängigkeit eine eigene Universität zu gründen. Der entscheidende, von Adickes mit Leidenschaft und Geduld durchgesetzte Gedanke war dabei, daß es

21

sich nicht um eine völlige Neugründung, sondern nur um eine Zusammenfassung der zahlreichen schon bestehenden, ausschließlich von Bürgern der Stadt finanzierten Stiftungen zu handeln hätte.

Der junge Wiesengrund lernt also eine Universität kennen, deren weit zurückreichende bürgerlich-liberale Ursprünge ungebrochen sind. Die November-Revolution hatte in Frankfurt einen milden Verlauf genommen. Selbst die Inflation, die 1923 ihren Höhepunkt erreicht, geht für die Universität glimpflich vorüber. Obwohl auch die Frankfurter Stiftungen ihre Vermögen eingebüßt haben, sind doch Fortbestehen und Unabhängigkeit der Universität nicht ernsthaft gefährdet. In einem zwischen der Stadt Frankfurt und Preußen geschlossenen Vertrag, dessen Zustandekommen vor allem dem Staatssekretär im Kultusministerium, Carl Heinrich Becker, zu verdanken ist, wird festgelegt, den Stiftungscharakter der Universität dadurch zu erhalten, daß die ihre eigenen Mittel übersteigenden Kosten zwischen der Stadt und dem Land Preußen aufgeteilt werden sollen.[19]

Seitdem Lenin in seinem Buch «Materialismus und Empiriokritizismus» dem ersten Frankfurter Ordinarius der Philosophie, Hans Cornelius, die Ehre antat, ihn als «Flohknacker»[20] zu beschimpfen, ist es üblich geworden, über Adornos akademischen Lehrer in einem Ton der Herablassung zu sprechen, etwa derart, daß in den Bibliotheken über seinen heute vergessenen Büchern sich der Staub ablagere.[21] Dabei war Cornelius alles andere als ein schmallippiger Fachgelehrter, der niemals über die Grenzen seiner Disziplin hinausgeblickt hätte. Aus der Münchner Familie, der er entstammte, waren mehrere Maler und Musiker hervorgegangen, eine Doppelbegabung, an der auch Hans Cornelius Anteil hatte; er tat sich als Pianist, Bildhauer und Maler hervor, veröffentlichte Schriften zur Ästhetik und Kunstpädagogik («Elementargesetze der Bildenden Kunst», 1900; «Kunstpädagogik», 1920) und war ein ausgezeichneter Kenner der italienischen Kunst der Renaissance. Seinem philosophischen Selbstverständnis nach war er ein Aufklärer in der Nachfolge Kants, dessen strengen Apriorismus er zu mildern versuchte durch eine empiristische Neubegründung der Transzendentalphilosophie. Er geriet damit in die Nachbarschaft und, wie man ihm anzuhängen versuchte, auch in Abhängigkeit von Richard Avenarius und Ernst Mach (aus diesem Grund wird er von Lenin in seiner gegen Mach gerichteten Schrift erwähnt). Gegen den Vorwurf der Abhängigkeit von Mach hat Cornelius sich entschieden zur Wehr gesetzt, zumindest aus seiner Sicht auch zu Recht, da es seine Absicht war, durch Rückgriff auf den Empirismus die kritische Philosophie Kants abzusichern und nicht etwa abzuschaffen. Schon gar nicht war ihm daran gelegen, das Ich, wie Mach es unternahm, in eine Vielzahl nur zufällig miteinander verbundener «Empfindungskomplexe» aufzulösen. Niemals hätte Cornelius Machs These zugestimmt, daß das Ich «unrettbar»[22] sei. Das Opfer der Vernunft zu-

1921

gunsten eines neuen Irrationalismus zu bringen, war Cornelius zu keiner Zeit bereit, weder vor dem Krieg, als die Lebensphilosophie triumphierte – sein Hauptwerk, «Transcendentale Systematik», erschien im Jahre 1916 –, noch während der Zeit der Weimarer Republik, als die Begriffe Vernunft, Republik, Kompromiß miteinander identifiziert und von der Linken wie von der Rechten als Inbegriff alles Verächtlichen traktiert wurden.

Trotzdem ist nicht zu übersehen, daß, spätestens in der Nachkriegszeit, Cornelius' Aufklärertum in die Jahre gekommen ist und insgesamt ein wenig altmodisch wirkt, nicht mehr geeignet, der Diskussion der drängenden Probleme der Gegenwart noch wirksame Impulse zu vermitteln. Unzeitgemäß muß Cornelius nun vor allem deshalb wirken, weil er dem Begriff der Vernunft noch arglos und ohne Vorbehalt gegenübersteht: sein Glaube, daß die Gesamtheit der wissenschaftlichen Erkenntnisse sich von selbst zum System zusammenschließe, ist ungebrochen, und gänzlich scheint ihm entgangen zu sein, was Max Weber zur selben Zeit bereits systematisch analysiert, daß nämlich der Rationalisierungsprozeß einen hohen Preis kostet: «Freiheitsverlust» und «Sinnverlust» sind für Weber die unvermeidlichen Folgen der sich durchsetzenden formalen Rationalität. Solche Bedenken gegen die Vernunft vorzubringen, wäre Cornelius nie in den Sinn gekommen. Kein Zweifel:

Hans Cornelius

Max Weber

der Mann, bei dem Wiesengrund das Studium der Philosophie aufnimmt, gehört in seinem Denken bereits einer vergangenen Welt an.

In seiner «Einführung in die Philosophie» von 1903 – das Buch wurde von Adorno bei der Abfassung seiner Dissertation herangezogen – spricht Cornelius davon, daß alle Unsicherheit regelmäßig dann beseitigt sei, wenn, etwa nach einem nicht vorhergesehenen Vorgang, die Ursache der Veränderung aufgefunden sei; die «Einheit unserer Erfahrung» stelle sich allein dadurch her, daß der «Forderung der Einordnung aller Erscheinungen unter constante empirische Zusammenhänge»[23] Genüge getan werde, wobei es für Cornelius keinen Zweifel daran gibt, daß diese Bedingung schon in der Gegenwart sehr weitgehend erfüllt wird: «Indem wir mit fortschreitender Erfahrung die Bestandteile unserer Umgebung und die Gesetze für die Änderungen in dieser Umgebung mit immer größerer Vollständigkeit kennen lernen, erreicht die Wahrscheinlichkeit unserer Urteile über die an bestimmten Orten und unter bekannten Bedingungen zu gewärtigenden Erlebnisse schließlich einen außerordentlich hohen Grad. Daß ich meinen Tisch und meine Bücher noch in meinem Zimmer finden werde, wenn ich nach Hause komme, erscheint mir angesichts der getroffenen Vorkehrungen gegen die be-

kannten Ursachen einer Veränderung ihres Bestandes – gegen Dieb-
stahl und Feuersgefahr – so gut wie völlig gewiß.»[24] Mit jeder einzelnen
neu gewonnenen Erkenntnis – worunter er nichts anderes versteht als
die Einordnung eines Phänomens in eine kausale Reihe – wird ein Beitrag dazu geleistet, daß das Bild der Welt sich weiter zusammen-
schließt.

Über die kleine häusliche Szene hinausgehend läßt sich überhaupt sagen, daß, wenn es einen Gestus gibt, der für die gesamte Philosophie
von Cornelius verbindlich ist, es der Gestus «herein» ist. Damit befindet
sich der Frankfurter Philosoph in Übereinstimmung mit der Schule, aus
der er hervorgegangen ist, dem Neukantianismus. Das gilt zunächst in
dem Sinne, daß alles, was philosophisch überhaupt erfaßbar sein soll,
ins Bewußtsein hereingezogen wird; Cornelius unterscheidet zwischen
einer dogmatisch verfahrenden, «metaphysischen Phase der Philosophie», während derer die «Begriffsbildungen des vorwissenschaftlichen
Denkens» erfolgen, und einer «psychologisch-erkenntnistheoretischen
Phase», die sich durch «Beseitigung der metaphysischen Scheinpro-
bleme»[25] auszeichnet. Durch diese Entwicklung fallen Philosophie und
Psychologie schließlich zusammen, denn die «erkenntnistheoretische Wendung der Philosophie ist... zugleich eine psychologische
Wendung: nicht mehr um die Untersuchung der Zusammenhänge der
objectiven Welt, sondern um die Untersuchung bestimmter psychologi-
scher Thatsachen ist es der Philosophie in dieser neuen Phase zu thun...
Die letzten Daten all unserer Erkenntnis aber sind unsere uns unmittelbar bewußten Erlebnisse, d. h. eben diejenigen Thatsachen, in
deren Ablauf das Ganze unseres Bewußtseinlebens besteht. Die
Analyse dieser letzten Daten ist also notwendiger Weise Analyse von
Bewußtseinsthatsachen oder psychologische Analyse.»[26]

Zwar wird durch den Rückzug der Philosophie auf das Bewußtsein alles aus der Reflexion verbannt, was sich nicht in eine «Bewußt-
seinsthatsache» auflösen läßt; dafür jedoch scheint durch diese Opera-
tion die Wissenschaftlichkeit der Philosophie endgültig gesichert. Denn
wenn die Philosophie es ausschließlich mit Bewußtseinsphänomenen zu
tun hat, dann ist sichergestellt, daß die Gegenstände der Philosophie,
unabhängig von allen besonderen Inhalten, vor allem eine Gemeinsamkeit aufweisen: sie sind homogen, denn sie alle unterstehen demselben
Mechanismus, der transzendentalen Synthesis, die durch den Verstand
vermittels der Kategorien geleistet wird. Es besteht also die begründete
Hoffnung, daß der einzig triftige Beweis für die Wissenschaftlichkeit
einer Verfahrensweise, der Zusammenschluß der einzelnen Phänomene
zum System, erbracht werden kann.

Zu diesem Zweck aber muß das Subjekt die absolute Herrschaft über
alles beanspruchen, was in sein Bewußtsein eintritt; mehr noch: das Subjekt darf nichts dulden, es darf nicht einmal wahrnehmen, was nicht in

sein Bewußtsein integrierbar ist. Bereits im ersten Absatz seiner «Einführung in die Philosophie» gibt Cornelius als Ziel seiner Bemühungen die Herstellung «einer in sich widerspruchslosen Welt- und Lebensanschauung»[27] an. «Das Ungewohnte», heißt es später, «ist uns jedesmal zugleich ein Befremdliches, Beunruhigendes. Die Beunruhigung aber löst sich, wenn es uns gelingt, das Neue als Glied eines bekannten Zusammenhanges zu erkennen, mit Bekanntem, Gewohntem unter einem einheitlichen Gesichtspunkte zu begreifen.»[28] Es ist sozusagen eine Philosophie der Tonalität, die Cornelius vorschwebt; wie in der tonalen Musik jede Spannung auf das Schema des Dreiklangs zurückgeführt und in ihm aufgelöst wird, so versucht Cornelius in der Philosophie zu verfahren. Wahrscheinlich ist dies der Grund, warum er in der Nachkriegszeit antiquiert erscheint; eine Philosophie, die auf konventionelle Harmonie und Widerspruchslosigkeit hin angelegt ist, muß von vornherein als den Problemen der Gegenwart unangemessen angesehen werden.

Mit dem *Irreduziblen*, dem *Abhub der Erscheinungswelt*, dem Benjamins und später auch Adornos besondere Aufmerksamkeit gilt – mit allem, was sich in bekannte Ordnungsschemata nicht einordnen läßt, hat Cornelius nichts im Sinn. So ist einmal davon die Rede, daß einem Kind, dem «zum ersten Mal etwa Klaviertöne mittlerer Lage zu Gehör» kommen, diese «zunächst als etwas Neues auffallen» werden. Hört es diese Töne später wieder, «so werden sie ihm nunmehr bereits als etwas Bekanntes erscheinen»[29]. Aus solchen Erlebnissen, bei denen dem «Wiedererkennen» eine zentrale Funktion zukommt, erklärt Cornelius die Entstehung allgemeiner Begriffe bzw. Vorstellungen. Er glaubt, damit der Transzendentalphilosophie eine sichere, empirische Grundlage gegeben zu haben, während bei Kant, trotz aller Bemühungen, unklar geblieben war, wie überhaupt Außenwelt und die gemäß den Kategorien funktionierenden Wahrnehmungs- und Denkstrukturen des Subjekts miteinander in Verbindung treten. Diese Verbindung von vorkritischem Empirismus und kritischer Transzendentalphilosophie, in der Cornelius seine eigentliche Leistung sieht, konstruiert er, indem er (konkrete) Erinnerung und (allgemeine) Vorstellung, Anschauung und Abstraktion einander gegenüberstellt. Alle allgemeinen Vorstellungen gehen ursprünglich auf konkrete Erlebnisse bzw. Wahrnehmungen zurück; wenn diese bei nächster Gelegenheit erinnert werden, so ist dies zwar bereits der erste Schritt zu einer allgemeinen «Vorstellung», indessen ist hier noch eine gewisse «Färbung» (bzw. «Gestaltqualität») festzustellen, die darauf zurückzuführen ist, daß die Vorstellung sich noch nicht von der konkreten Erinnerung bzw. Erfahrung abgelöst hat. An Hand des allmählichen Verblassens der «Färbung der Erinnerungsbilder»[30] läßt sich nun das Entstehen allgemeiner Vorstellungen bzw. abstrakter Begriffe genau verfolgen.

«Man sieht», faßt Cornelius seine Überlegungen zusammen, «wie solche ‹bloße Vorstellungen› nicht nur durch willkürliche Abstraction, sondern im natürlichen Laufe unserer Entwicklung von selbst zu Stande kommen: je häufiger Inhalte einer bestimmten Qualität in verschiedenen Complexen erlebt werden, ohne daß die Gestaltqualitäten der letzteren jedes Mal beachtet werden, um so weniger wird bei einer späteren Vorstellung der betreffenden Qualität sich die bestimmte Erinnerung an irgend einen der bisher erlebten Fälle geltend machen können, um so mehr wird die erstere somit als ‹bloße Vorstellung› im Gegensatze zur Erinnerung erscheinen.»[31] Aus dem konkreten Gegenstand ist ein Bewußtseinsphänomen geworden, autark, selbstgenügsam, auf die Außenwelt kaum mehr bezogen und ihrer nicht mehr bedürftig. Damit ist der Gestus «herein» ins Bewußtsein vollendet, zugleich aber kann Cornelius der Überzeugung sein, die Transzendentalphilosophie empirisch gesichert zu haben. Denn jede allgemeine Vorstellung läßt sich bis zu der Wahrnehmung eines konkreten Gegenstands zurückverfolgen; die Erinnerung hieran ist aber inzwischen so weitgehend getilgt, daß der Gegenstand nur noch als «Regel für unsere Wahrnehmungen»[32] fungiert, das heißt, die konkrete Erinnerung an die erste Wahrnehmung des Gegenstands «Tisch» ist nicht mehr erforderlich, um einen «Tisch» als Gegenstand einer aktuellen Wahrnehmung zu identifizieren.

Die Philosophie von Hans Cornelius könnte charakterisiert werden als die Philosophie eines Erwachsenen, dem das Erwachsensein, das Vergessen der Kindheit, noch kein Problem bedeutet. Selbst die Erinnerung dient bei Cornelius dem Vergessen. Indem ein Vorgang erinnert wird als Wiederholung eines früheren Vorgangs bzw. einer früheren Wahrnehmung, wird er identifiziert: «Das ist ein Donnerschlag, die Folge des Blitzes, den ich eben gesehen habe.» Erinnerung ist bei Cornelius nichts anderes als ein Mittel, kausale Verknüpfungen aufzudecken; hat sie diese Funktion erfüllt, so ist sie überflüssig geworden, ja es ist ratsam, sich ihrer so rasch wie möglich zu entledigen, denn die allgemeinen Begriffe werden ihrer Aufgabe, Wahrnehmungen zu identifizieren, um so besser gerecht, je weniger sie daran erinnern, daß sie auf Erfahrungen von Dingen zurückgehen, die, als das Kind ihnen zum erstenmal begegnete, einen überwältigenden Eindruck hinterließ. Die Kritik alles begrifflichen Denkens als bloßen *Identifizierens*, das aufs engste verbunden ist mit der Ausübung von Herrschaft (wie in der *Dialektik der Aufklärung* ausgeführt), die Empfindlichkeit gegen Methoden, die sich ihrem Gegenstand gegenüber verselbständigt haben – alle diese für Adornos Denken grundlegenden Tendenzen sind zwar nicht unmittelbar auf das Studium bei Cornelius zurückzuführen, wohl aber dürften sie die Entschiedenheit ihrer Ausprägung der Tatsache verdanken, daß die akademische Philosophie, mit der er konfrontiert worden war, seinen Neigungen und Interessen kaum entsprochen hatte.

So ist schwerlich eine Philosophie denkbar, die Adornos Denken stärker entgegengesetzt wäre als die Lehre von Cornelius, die Bewegung der
philosophischen Reflexion habe sich in der Entfernung von dem anschaulich erfahrenen Objekt in Richtung auf eine abgehobene Begrifflichkeit zu vollziehen. Die Opposition gegen die Verselbständigung der
Begriffe gegen das von ihnen Erfaßte ist das zentrale Motiv von Adornos Philosophie geblieben; so ist noch in der *Negativen Dialektik* die Bemerkung, der wäre der Wahrheit am nächsten, der sich wieder ganz vergegenwärtigen könnte, was ihn als Kind *ansprang*, als er zum erstenmal
Worte wie *Schweinstiege*[33] hörte, eine späte Antwort auf die Philosophie
von Cornelius, mit dem sich Adorno natürlich längst nicht mehr auseinandersetzt. Zu höchster Dignität gelangt die kindliche Erfahrung der ersten Begegnung schließlich in den *Meditationen zur Metaphysik*, einem
Kernstück der *Negativen Dialektik*: Was metaphysische Erfahrung sei,
heißt es hier, könne man am ehesten *wie Proust sich vergegenwärtigen,
an dem Glück etwa, das Namen von Dörfern verheißen wie Otterbach,
Watterbach, Reuenthal, Morbrunn*[34]. Die Theorie des «Namens», auf die
sich Adorno im Anschluß an Benjamin häufig berufen wird, ist Cornelius' Philosophie entgegengesetzt: der Name hält die ursprüngliche Erfahrung fest, überführt sie nicht in einen allgemeinen Begriff. *Dem Kind
ist selbstverständlich, daß, was es an seinem Lieblingsstädtchen entzückt,
nur dort, ganz allein und nirgends sonst zu finden sei; es irrt, aber sein
Irrtum stiftet das Modell der Erfahrung, eines Begriffs, welcher endlich
der der Sache selbst wäre, nicht das Armselige von den Sachen Abge-
zogene.*[35] Nicht um die bloß nostalgische Beschwörung einer unwieder-
holbaren Vergangenheit geht es, vielmehr soll die kindliche Erfahrung
eines Unverwechselbaren, nicht Austauschbaren, einer innigen Vermittlung mit dem Objekt theoretisch eingeholt werden, damit sie zum Modell einer Welt werden kann, die nicht mehr durch das Tauschprinzip beherrscht wird.

Von der Transzendentalphilosophie des Lehrers Cornelius ist beim
späteren Adorno wohl nicht mehr übriggeblieben als die besondere
Schärfung der Empfindlichkeit gegen den Anspruch des Subjekts, die
Außenwelt ohne Rest seiner Herrschaft zu unterwerfen. Dagegen ist die
im Zusammenhang mit der kindlichen Erfahrung gebrauchte Formel
von der Wendung zu den *Sachen selbst* keine bloß zufällige Reminiszenz
an jene Philosophie, die nicht nur Gegenstand von Adornos Dissertation aus dem Jahre 1924 ist, sondern auch noch von umfangreichen Studien, die während der ersten Phase der Emigration in Oxford entstehen.
Während die verschiedenen, mit den Namen Cohen, Natorp, Windelband und Rickert verbundenen Schulen des Neukantianismus in der
Nachkriegszeit keine Rolle mehr spielen, ist die von Edmund Husserl
mit den «Logischen Untersuchungen» (1900/01) begründete Phänomenologie die einzige schon vor dem Krieg formulierte Philosophie, die

Edmund Husserl

nach 1918 nicht nur in einzelnen Gelehrten fortlebt, sondern weiter anregend und schulenbildend wirkt. Der Grund für diese nachhaltige Wirkung Husserls ist leicht einzusehen. Der Zusammenbruch der alten Ordnungen mußte nicht nur den Anspruch des Neukantianismus, die gesamte Welt vom Bewußtsein des einzelnen Subjekts aus zu organisieren, als naive Illusion erscheinen lassen, er machte es darüber hinaus auch unmöglich, an bisher fraglos gültige Traditionen einfach anzuknüpfen. In dieser Situation mußte Husserls Parole «Zu den Sachen selbst!» als der einzig mögliche Ausweg erscheinen.

Will man sich den «Gestus» der Phänomenologie vergegenwärtigen und zugleich erkennen, daß ihre zentrale Intention kein bloß innerphilosophisches Problem, sondern in einem umfassenden Sinne «an der Zeit» war, so empfiehlt sich ein Blick auf eines der zentralen Dokumente der Moderne, Hofmannsthals «Ein Brief», dessen Entstehung mit dem Erscheinen von Husserls «Logischen Untersuchungen» zeitlich zusammenfällt. Der Schreiber dieser Zeilen, Philipp Lord Chandos, muß zu seinem Schrecken erkennen, daß es ihm zunehmend schwerfällt, allgemeine Begriffe zu gebrauchen, also eben jene Bewegung zu vollziehen – von den konkreten Dingen zu allgemeinen Vorstellungen –, die zu derselben Zeit Cornelius in seiner «Einführung in die Philosophie», noch gänzlich unberührt von Zweifeln, als die einzig legitime Form des Denkens beschreibt. «Zuerst wurde es mir allmählich unmöglich, ein höheres oder allgemeineres Thema zu besprechen und dabei jene Worte in den Mund zu nehmen, deren sich doch alle Menschen ohne Bedenken geläufig zu bedienen pflegen. Ich empfand ein unerklärliches Unbehagen, die Worte ‹Geist›, ‹Seele› oder ‹Körper› nur auszusprechen... die abstrakten Worte, deren sich doch die Zunge naturgemäß bedienen muß, um irgendwelches Urteil an den Tag zu geben, zerfielen mir im Munde... Es begegnete mir, daß ich meiner vierjährigen Tochter Katharina Pompilia eine kindische Lüge, deren sie sich schuldig gemacht, verweisen und sie auf die Notwendigkeit, immer wahr zu sein, hinführen wollte und dabei die mir im Munde zuströmenden Begriffe plötzlich eine solche schillernde Färbung annahmen und so ineinander überflossen, daß ich den Satz, so gut es ging, zu Ende haspelnd, so wie wenn mir unwohl geworden wäre und auch tatsächlich bleich im Gesicht und mit einem heftigen Druck auf der Stirn, das Kind allein ließ, die Tür hinter mir zuschlug und mich erst zu Pferde, auf der einsamen Hutweide einen guten Galopp nehmend, wieder einigermaßen herstellte.»[36] Was sich hier abspielt ist nichts anderes als der Zusammenbruch oder vielmehr die Umkehrung jenes Abstraktionsprozesses, durch den sich identifizierendes, die Dinge zugleich beherrschendes und sie verlierendes Denken herstellt: die allgemeinen Begriffe nehmen plötzlich jene «Färbung» wieder an, die ihnen nach der ersten Begegnung mit den Dingen noch anhaftete und die sie längst, und, wie es schien, für immer verloren hatten. Das fluchtartige Verlassen des Raumes, durch das sich der Lord instinktiv aus seiner Bedrängung befreit, der Galopp durch die Weite der Landschaft ist zugleich der Gestus der Phänomenologie: «Hinaus» aus den Konventionen der Sprache, hinaus aus den Urteilen, die, wie man plötzlich bemerkt, gar nicht die Resultate eigenen Denkens und eigener Wahrnehmungen sind, sondern die bereits in der abstrakten Begrifflichkeit vorab festgelegt sind.

Während die Transzendentalphilosophie die Außenwelt bis auf ganz geringfügige, nichtssagende, abstrakte Reste ins Bewußtsein hereinzieht, beharrt Husserl darauf, daß jeder vom Bewußtsein geleistete Erkenntnisakt sich auf etwas bezieht, was nicht selbst Bewußtsein, was diesem also «transzendent» ist: «Sehen wir näher zu, was so rätselhaft ist und was uns in den nächstliegenden Reflexionen über die Möglichkeit der Erkenntnis in Verlegenheit bringt, so ist es ihre Transzendenz.»[37]

31

Hatte Kant, in historischer Übereinstimmung mit dem Aufstieg des bürgerlichen, auf seine Autonomie pochenden Individuums die «kopernikanische Wende» der Erkenntnistheorie vollzogen, dergestalt, daß Erkenntnis nicht mehr vom Objekt, sondern vom Subjekt, seinem alle Wahrnehmung gemäß den Kategorien strukturierenden Verstand her begründet wurde, so scheint bei Husserl zunächst eigentlich nichts anderes zu geschehen, als daß eine lange verdrängte Frage endlich wieder einmal formuliert wird: «... wie kann Erkenntnis ihrer Übereinstimmung mit den an sich bestehenden Sachen gewiß werden, sie ‹treffen›? Was kümmern sich die Sachen an sich um unsere Denkgesetze und um die sie regelnden logischen Gesetze?»[38] In historischer Hinsicht mag man die Neuformulierung dieser Frage mit der schwindenden Bedeutung des Individuums in Zusammenhang bringen; das Individuum traut sich sozusagen nicht mehr zu, den subjektiven Erkenntnisanspruch selbstherrlich aufrechtzuerhalten, die ganze Welt gleichsam hinter die eigene Stirn zurückzustauen; auch in der Psychoanalyse – Freuds «Traumdeutung» und Husserls «Logische Untersuchungen» erscheinen fast gleichzeitig – bröckelt die Fassade des Ich.

Aber Husserl will nicht etwa auf einen unvermittelten Objektivismus der Außenwelt hinaus, wie er etwa von Lenin in «Materialismus und Empiriokritizismus» dem Leser eingehämmert wird, er wendet sich lediglich gegen die Gewaltsamkeit, die in Kants Lehre von der «Spontaneität», der Selbstherrlichkeit des Verstandes angelegt ist. Hiergegen setzt Husserl den Begriff der «Intentionalität» der Bewußtseinsakte. Jeder Bewußtseinsakt ist zunächst zwar ein immanenter Vollzug, aber er ist immer schon auf die Außenwelt hin angelegt: «Die Erkenntniserlebnisse, das gehört zu ihrem Wesen, haben eine intentio, sie meinen etwas, sie beziehen sich in der oder jener Art auf eine Gegenständlichkeit. Das sich auf eine Gegenständlichkeit beziehen gehört ihnen zu, wenn auch die Gegenständlichkeit ihnen nicht zugehört.»[39] So unbestimmt dieser Sachverhalt auch in Husserls schwerfälliger, zuweilen wie stockend wirkender Sprache vorgetragen wird, entscheidend ist, daß in ihr die Richtung der philosophischen Reflexion umgekehrt wird: aus dem vereinnahmenden «Herein» der Transzendentalphilosophie ist ein «Hinaus» aus dem bloßen Bewußtseinszusammenhang geworden. Das außerordentliche Aufsehen, das Husserls Arbeiten erregten, zeigt, daß die Zeitgenossen die in ihnen angelegte befreiende Wirkung erkannten; daher ist die Phänomenologie bei Kriegsende auch nicht abgetan, ebensowenig wie der Expressionismus, dessen philosophisch gewendete Gestalt sie ist. «Mir ist der ganze deutsche Idealismus immer zuwider gewesen», soll Husserl, nach einem Bericht von Helmuth Plessner, einmal ausgerufen haben. «‹Ich habe mein Leben lang› – und dabei zückte er seinen dünnen Spazierstock mit silberner Krücke und stemmte ihn vorgebeugt gegen den Türpfosten – ‹die Realität gesucht.› Unüberseh-

32

bar plastisch vertrat der Spazierstock den intentionalen Akt und der Pfosten seine Erfüllung.»[40]

Ein bestimmter Grund für die Entscheidung Wiesengrunds, als Thema seiner Dissertation einen Gegenstand aus der Phänomenologie zu wählen, ist nicht bekannt. Vielleicht hat ein unbestimmtes Empfinden der Affinität den Ausschlag gegeben. Adorno muß, auch wenn das in keiner Zeile seiner Dissertation zum Ausdruck kommt, gespürt haben, daß die Philosophie Husserls ihm weitaus gemäßer war als die seines unmittelbaren Lehrers Cornelius. Obwohl Husserl der Kunst wohl eher fremd gegenüberstand, ist in seiner Philosophie doch ein stark ausgeprägtes ästhetisches Moment erkennbar: «Die Phänomenologie verfährt schauend aufklärend, Sinn bestimmend und Sinn unterscheidend. Sie vergleicht, sie unterscheidet, sie verknüpft, setzt in Beziehung, trennt in Teile, oder scheidet ab Momente. Aber alles in reinem Schauen. Sie theoretisiert und mathematisiert nicht; sie vollzieht nämlich keine Erklärungen im Sinne der deduktiven Theorie.»[41] Mit der paradoxen Formulierung «schauend aufklärend» will Husserl andeuten, daß das reine Schauen, das allein «Evidenz» und «adäquate Selbstgegebenheit»[42] ermöglicht, nicht auf eine Entmächtigung des Verstandes, sondern auf seine Heilung hinauswill: «Schauende Erkenntnis ist die Vernunft, die sich vorsetzt, den Verstand eben zur Vernunft zu bringen.»[43] Die von Kant vollzogene radikale Scheidung von Vernunft und Verstand, der von Max Weber analysierte, alle Inhalte zerstörende Rationalisierungsprozeß sollen rückgängig gemacht, die Einheit der Vernunft soll wieder hergestellt werden. Voraussetzung für die Heilung des Verstands vom Zwang zur Abstraktion aber ist eben jene Wendung zum Besonderen, zum Einzelnen, zum Anschaulichen, noch nicht auf allgemeine Begriffe Abgezogenen, die insgesamt für die Phänomenologie – wie für die Kunst – grundlegend ist.

Angesichts von Husserls Kunstfremdheit ist seine stark ausgeprägte Hinwendung zu den einzelnen Dingen wohl als Teil seines österreichischen Erbes zu verstehen. Auf die Frage, warum die neue Musik gerade in Wien entstand, hat Adorno einmal auf den Genius Loci verwiesen: *So tief reichen die Ursprünge der neuen Musik ins Wienerische hinab... daß man zuweilen ihr Verhältnis nur in Argotworten konkret benennen kann. «Bandeln» läßt sich ins Hochdeutsche kaum übersetzen. Gemeint sind Beschäftigungen, mit denen man seine Zeit hinbringt, sie verplempert, ohne recht durchsichtigen rationalen Zweck, aber gleichzeitig auf absurde Weise praktisch; wenn etwa jemand stundenlang seinen Rasierapparat säubert.* Wahrscheinlich dachte Adorno bei diesem Beispiel an seinen Lehrer Alban Berg, der ihm einmal seinen Rasierapparat gezeigt hatte, voller Stolz darüber, daß dieser, sein erster, dank intensiver Pflege noch immer aussah wie neu.[44] *Besessenheit vom Vergeblichen und Unnützen ist eine Vorschule der Kunst.*[45]

Was hier über das «Bandeln» gesagt ist, gilt im Prinzip auch von der Phänomenologie. Daß es *keinen recht durchsichtigen Zweck* habe, kann insbesondere vom Hauptstück der phänomenologischen Methode, der ἐποχή, gesagt werden. Da die Phänomenologie eigentlich kein spezifisches Gebiet, das sie zu bearbeiten hätte, besitzt, sondern im wesentlichen in einer «Wendung» – nämlich zu den Sachen selbst – besteht, gibt es nichts, was nicht «zum Gegenstand eines reinen Schauens und Fassens gemacht werden, und in diesem Schauen... absolute Gegebenheit»[46] werden könnte. Um nun zur Sache selbst, zum Wesen vorzustoßen – nicht über die zufällige «Existenz» einer Sache soll geurteilt werden, sondern über ihre «individuelle Essenz»[47] –, ist die «phänomenologische Reduktion» zu vollziehen: Alle Transzendenzen, also alle Momente, die nur zur «Existenz» eines Dinges gehören und daher die «absolute Gegebenheit» transzendieren, werden in Klammern gesetzt; es kommt darauf an, «alle... Transzendenz mit dem Index der Ausschaltung zu behaften, oder mit dem Index der Gleichgiltigkeit, der erkenntnistheoretischen Nullität, mit einem Index, der da sagt: die Existenz aller dieser Transzendenzen, ob ich sie glauben mag oder nicht, geht mich hier nichts an, hier ist nicht der Ort, darüber zu urteilen, das bleibt ganz außer Spiel»[48]. Im Einzelfall sieht eine phänomenologische Reduktion folgendermaßen aus: «Ich habe eine Einzelanschauung, oder mehrere Einzelanschauungen von Rot, ich halte die reine Immanenz fest, ich sorge für phänomenologische Reduktion. Ich schneide ab, was Rot sonst bedeutet, als was es da transzendent apperzipiert sein mag, etwa als Rot eines Löschblattes auf meinem Tisch und dgl., und nun vollziehe ich rein schauend den Sinn des Gedankens Rot überhaupt, Rot in specie, etwa das aus dem und jenem herausgeschaute identische Allgemeine; die Einzelheit als solche ist nun nicht mehr gemeint, nicht dies und jenes, sondern Rot überhaupt.»[49] Der einzelne Gegenstand, das ist der Sinn dieses Verfahrens, soll nicht nur eine abstrakte «Regel» der Erkenntnis sein, vielmehr soll Erkenntnis in einer durch keine Einschränkung und Deformation beeinträchtigten Erfahrung neu begründet werden.

Trotzdem verläuft die Grenze zwischen der phänomenologischen Reduktion und dem vorphilosophischen Bandeln fließend. Denn die phänomenologische Reduktion bleibt auf eine merkwürdige Weise folgenlos.

Sie setzt zwar die empirische Realität mit allen ihren zufälligen Eigenarten «in die Klammer», versieht sie mit dem Index der «Nullität», aber sie sagt damit nichts über deren Wahrheitsgehalt, nicht einmal etwas über ihre Existenz aus. Diese merkwürdige Abstinenz hat ihren Grund darin, daß für Husserl nicht nur die «Essenz» eines Dinges eine «absolute Gegebenheit» ist, sondern auch die «Erscheinung»: denn es mag um ihren Wahrheitsgehalt stehen wie es will, unbezweifelbar ist jedenfalls, daß sie, als Erscheinung, unmittelbar «gegeben» ist; auch bloße Einbildungen, Produkte der Phantasie, können derart zum nicht weiter reduzierbaren Gegenstand phänomenologischer Schau bzw. «Intuition» werden: «...wir müssen... anerkennen, daß in gewisser Weise auch das Widersinnige, das völlig ‹Absurde› ‹gegeben› ist.»[50] Auch in dieser Hinsicht zeigt sich eine Affinität der phänomenologischen Schau zur ästhetischen Wahrnehmung, insofern, als die Arbeit der Phantasie nicht von vornherein einer unerbittlichen Realitätsprüfung unterzogen wird; die Entwürfe der Kunst können eine spezifische, in ihnen selbst beschlossene und nur durch sie zur Erscheinung kommende Wahrheit enthalten.

Anders als die Philosophie von Cornelius, die ganz darauf angelegt ist, das Ungewohnte und Unbekannte so rasch wie möglich auf Bekanntes zurückzuführen, bleibt also die Phänomenologie Husserls der entscheidenden Kategorie der Kunst der Moderne, dem Neuen, geöffnet. Noch in der *Ästhetischen Theorie* umschreibt Adorno das «Neue» in der Kunst mit Formulierungen, die von denen Husserls gar nicht so sehr verschieden sind; während Husserl etwa auch dem Ritter St. Georg und dem «Drachenungetier», das er bekämpft, als «Erscheinung» den Status einer letzten Gegebenheit einzuräumen bereit ist, zitiert Adorno voller Zustimmung, gleichsam als den Kronzeugen seiner Geschichtsphilosophie des Neuen, den Offiziersburschen, der, von einem Besuch des zoologischen Gartens zurückkehrend, aufgeregt meldet: *Herr Leutnant, solche Tiere gibt es nicht.*[51] Die Rettung des ästhetischen Scheins, in der, wie Adorno betont, das Zentrum von *Ästhetik heute* besteht[52], ist ohne die Befreiung der Phantasie und der Erscheinung aus der Macht der Konventionen nicht vorstellbar. *In jedem genuinen Kunstwerk erscheint etwas, was es nicht gibt*[53], verallgemeinert Adorno die zoologische Erfahrung des Offiziersburschen, und es gilt ihm als völlig unbezweifelbar, daß gerade in der Erscheinung eines Nichtseienden der eigentliche Wahrheitsgehalt der Kunst beschlossen ist. Aufgabe der Philosophie ist es dann, den im ästhetischen Schein bloß latent vorhandenen Wahrheitsgehalt in scheinlose «Wahrheit» zu überführen. In dieser Affinität von Phänomenologie und Kunst dürfte das eigentliche Motiv dafür aufzusuchen sein, daß sich Adorno nicht nur in der Dissertation, sondern immer aufs neue mit Husserl auseinandersetzt.

Am 16. Juli 1924 schreibt Adorno an Leo Löwenthal: *Mitte Mai disponierte ich meine Dissertation und trug am 26. den Gedankengang Cornelius vor, der die Arbeit annahm. Am 6. Juni war die Arbeit fertig, am 11. diktiert, am 14. abgegeben. Zugleich begann das große Frankfurter Musikfest.*[54] Die Niederschrift der Dissertation fällt zeitlich fast zusammen mit einem Ereignis von einschneidender Bedeutung für Adornos Leben, der ersten Begegnung mit Alban Berg, der während des Frankfurter Festes des Allgemeinen deutschen Musikvereins die drei Bruchstücke des «Wozzeck» vorstellt. Der junge Musikkritiker sucht noch am Abend der

Leo Löwenthal, 1927 mit seinem Sohn Daniel

Uraufführung die Bekanntschaft des Komponisten, im Januar des folgenden Jahres übersiedelt er nach Wien, um bei Berg Kompositionsunterricht zu nehmen. Die neue Perspektive, die sich ihm als Künstler damit eröffnet hat, läßt den jungen Wiesengrund – den Doppelnamen führt er regelmäßig erst seit der Wiener Zeit – die Dissertation wohl nur als eine akademische Pflichtübung ansehen, deren völlige Abhängigkeit er ohne weiteres eingesteht: *An die «Transcendentale Systematik» – von Hans Cornelius – und ihre Terminologie knüpfen wir an und sehen unsere Aufgabe recht eigentlich darin, den Gegensatz zwischen den dort vorgetragenen Erkenntnissen und Husserls «Ideen»... deutlich zu machen. Auch wo nicht ausdrücklich zitiert ist, besteht zwischen unserer Untersuchung und der «Transcendentalen Systematik» ein ohne weiteres ersichtlicher Zusammenhang.*[55]

Wien

Alban Berg

Tatsächlich hat die Arbeit *Die Transzendenz des Dinglichen und Noematischen in Husserls Phänomenologie* keine andere Funktion als Husserl sozusagen zu cornelisieren; grundlegend hierbei wird die von Cornelius vertretene Lehre vom Gegenstand als der «Regel der Wahrnehmung». Ein solches Unternehmen lag insofern nahe, als Husserl sich inzwischen selbst dem transzendentalen Idealismus angenähert hatte. Seine «Ideen zu einer reinen Phänomenologie und phänomenologischen Philosophie» sind der Versuch, Phänomenologie als Philosophie systematisch zu begründen, sie nicht auseinanderfallen zu lassen in eine Vielzahl von «Wendungen» zu beliebigen Objekten. Dieses Streben zum System indessen hatte Husserl in bedenkliche Nähe der Bewußtseinsphilosophie neukantianischer Prägung gebracht; es liegt in der Konsequenz einer solchen Systematisierung, daß die ursprüngliche Intention der Phänomenologie, aus der Immanenz des Bewußtseins zu den «Sachen selbst» vorzustoßen, weitgehend abgeschwächt wird. Hans Cornelius muß damals Morgenluft gewittert haben; jedenfalls setzt er seinen Schüler darauf an, nun auch noch die letzten Reste bewußtseinstranszendenter Momente in Husserls Philosophie ins Reich des Idealismus heimzuholen, eine Aufgabe, deren sich der junge Adept gewissenhaft unterzieht.

Es gehe darum, so formuliert er gehorsam, den *Widerspruch zwischen den transzendental-idealistischen und den transzendent-realistischen*[56] *Komponenten in Husserls Dingtheorie aufzuklären und zu berichtigen*, und zwar vom *Standpunkt einer reinen Immanenzphilosophie aus*[57]. Das ist noch leichter getan als gesagt. Im Grunde genommen geht es lediglich darum, die von Husserl auch in den «Ideen» aufrechterhaltene Spannung zwischen Noema und Noesis, die im wesentlichen der von Erscheinung und Erscheinendem entspricht, zu beseitigen. Mit Noema bezeichnet Husserl die vom Bewußtsein weitgehend unabhängige Einheit des Gegenstands, also die «Sache selbst», während Noesis die Mannigfaltigkeit der subjektiven Bewußtseinsvollzüge meint, in denen der Gegenstand erscheint. Das über das Bewußtsein hinausweisende Noema muß also eliminiert werden, denn: *Alle Aussagen, die den Anspruch auf wissenschaftliche Gültigkeit machen... haben ihr letztes Kriterium im Zusammenhang unseres persönlichen Bewußtseins.*[58] In die Flucht geschlagen wird das Noema, ein häßlicher Lindwurm im lichten Reich des Gedankens, durch das von Meister Hans geschmiedete Schwert: *So wenig Dinge Transzendenzen sind, so wenig sind sie Erlebnisse. Sie sind Gesetze für Erlebnisse, konstituiert einzig durch den Zusammenhang unseres persönlichen Bewußtseins.*[59] Damit ist der entscheidende Streich geführt, und mit sich und der Welt zufrieden kann, wie einst Jung-Siegfried, der jugendliche Held im Blute des erlegten Gegners waten: *Husserls Begriff des Noema hat sich uns völlig zersetzt.*[60] Vorhang, Applaus, summa cum laude.

«Ich küsse Ihre Hand, Madame»

Die rege publizistische Tätigkeit, die Adorno in den folgenden Jahren entfaltet, gilt ausschließlich der Musik; eine weitere philosophische Abhandlung, *Der Begriff des Unbewußten in der transzendenten Seelenlehre*, entsteht erst drei Jahre später, als er sich nach der Rückkehr aus Wien in Frankfurt zu habilitieren versucht. Inzwischen freilich hatte sich endgültig herausgestellt, daß die phänomenologische «Wendung» statt in Richtung auf «schauende Aufklärung» ebensogut nach rückwärts vollzogen werden kann, wie in Heideggers Hauptwerk «Sein und Zeit», das im Jahre 1927 erscheint. Hatte Husserl daran festgehalten, daß «der Gegenstand sich in der Erkenntnis konstituiert», so geht es Heidegger darum, das Subjekt dem Anruf des Seins zu unterwerfen.

Vor dem Hintergrund des im Verlauf der zwanziger Jahre zunehmenden vernunftfeindlichen Potentials – neben Heidegger ist vor allem der Jurist Carl Schmitt zu nennen, dessen Kult der Dezision und des Ausnahmezustands dem totalen Staat den Weg bereitet – erscheint die spröde und langatmige Untersuchung *Der Begriff des Unbewußten in der transzendentalen Seelenlehre*, die im Erscheinungsjahr von «Sein und Zeit», 1927, abgeschlossen wird, nicht durchaus als ein weiteres Stück Schulphilosophie. Die Aufgabe, die sich Adorno stellt, ist, die Brüche und Widersprüche, die in der Transzendentalphilosophie Kants stehengeblieben waren, vermittels der psychoanalytischen Methode zu bereinigen, und zwar im Sinne von *Aufklärung*[61]. Ein solches Unternehmen sei notwendig geworden, nachdem Vertreter einer irrationalistischen Philosophie des Unbewußten immer wieder versucht hätten, von diesen Brüchen ausgehend die kritische Philosophie Kants als ganze außer Kraft zu setzen.

Drei Bruchstellen, an denen die Vertreter des Irrationalismus ansetzen können, werden von Adorno namhaft gemacht. Kant sei gescheitert mit seinen Bemühungen, transzendentale Apperzeption und Außenwelt miteinander zu vermitteln; mit der Lehre vom unerkennbaren Ding an sich habe er sich damit abgefunden, daß es einen Bereich gebe, der der Vernunft nicht zugänglich sei. Auch die These von der «Spontaneität» des erkennenden Subjekts enthalte ein *dogmatisches Element*[62], auf das sich die Befürworter eines blinden Vitalismus berufen könnten. Der

Sigmund Freud

dritte Bruch schließlich werde durch Kants Begriff der Teleologie markiert. *In der Vernunftkritik heißt Erkenntnis eines Dinges nichts anderes als Erkenntnis seiner Merkmale in ihrer Gesetzmäßigkeit. Diese Erkenntnis scheint Kant nicht ausreichend gegenüber den Organismen.*[63] In der Tat hatte Kant noch in der «Kritik der Urteilskraft» jeden Gedanken daran, es könne jemals auch nur einen «Newton des Grashalms» geben, als verfehlt zurückgewiesen; nach seiner Überzeugung ist es eher möglich, die Mechanismen, die das Weltall zusammenhalten, zu erklären, als die organischen Kräfte, die notwendig sind, um auch nur einen Grashalm wachsen zu lassen.[64] Auch hier, meint Adorno, kann angesetzt werden, wenn ein Interesse daran besteht, den *Primat des Bewußtseins* zugunsten eines irrationalistischen Vitalismus außer Kraft zu setzen.

Die durch diese Fragestellungen geweckten Erwartungen werden allerdings dadurch enttäuscht, daß Adorno sein Thema wiederum more corneliano traktiert. Durch die *transcendentale Systematik* ist der Untersuchung die Maxime vorgegeben, *daß das Problem des Unbewußten sinnvoll nur in der Bewußtseinsimmanenz, also für den «Zusammenhang*

unserer Erlebnisse zur Einheit des persönlichen Bewußtseins» (Cornelius), gestellt werden kann[65]. Unter dieser Voraussetzung kann der
Psychoanalyse lediglich die Aufgabe zugewiesen werden, auch solche
Bewußtseinselemente, die als «unbewußte» eine nicht berechenbare Ei-
gendynamik zu entwickeln drohen, dem Bewußtsein einzuverleiben.
Die Psychoanalyse wird zur Hilfswissenschaft der Transzendentalphilosophie: *Die psychoanalytische Methode stimmt entscheidend darum mit
der transzendentalen Methode überein, weil sie die psychischen Gesetz-
mäßigkeiten faßt als konstituiert durch den Zusammenhang der Erlebnisse zur Einheit des persönlichen Bewußtseins; weil sie aus der Einheit
des Bewußtseins ihre Voraussetzungen zieht.*[66]

Aus der Notwendigkeit, Psychoanalyse in den Dienst der Transzendentalphilosophie treten zu lassen, wird verständlich, weshalb Adorno
keineswegs sämtliche Schriften Freuds, sondern lediglich die «Vorlesungen zur Einführung in die Psychoanalyse» in seine Untersuchung einbe-
zieht; im Grunde genommen reduziert er Psychoanalyse auf diejenigen
Ausführungen, die Freud scheinbar sinnlosen und zufälligen Vorkomm-
nissen wie Versprechen und Vergessen widmet. Die «Psychopathologie
des Alltagslebens», auf die Freud zu Beginn seiner Vorlesungen eingeht,
ist zur Einführung in die Psychoanalyse besonders geeignet, weil sich an
Hand relativ harmloser, überwiegend nichtpathogener Symptome demonstrieren läßt, wie scheinbar sinnlose Vorfälle sich in einen Sinnzusammenhang integrieren lassen, und zwar dadurch, daß die aus dem Bewußtsein verdrängten, vergessenen Motive der Fehlleistungen durch
Erinnerung wieder zugänglich gemacht werden. Die Psychoanalyse –
das ist Adornos These – folgt also der gleichen Intention wie die Transzendentalphilosophie, und sie kann deshalb in deren Dienst gestellt
werden. Sie sorgt gleichsam dafür, daß durch unbewußte Elemente
keine Löcher in die Bewußtseinsimmanenz geschlagen werden; die
Psychoanalyse, als Hilfswissenschaft der Transzendentalphilosophie verstanden, garantiert, daß auch das Unbewußte im persönlichen Bewußtsein verbleibt und prinzipiell als der Immanenz des Bewußtseins zugehörig ausgewiesen werden kann.

Damit hat Adorno zwar sein Ziel erreicht, den Primat des Bewußtseins auch über das Unbewußte zu sichern und dem Unbewußten seine
dumpfe Dynamik zu nehmen, aber um den Preis, daß die Psychoanalyse
auf das Niveau eines harmlosen, etwas seicht wirkenden Rationalismus
herabgesetzt wird: Psychoanalyse *bedeutet uns nichts anderes als die Reduktion der unbewußten Tatbestände auf einfache Erinnerung*[67]. Daß der
Begriff des *dauernd Unbewußten* aus der Untersuchung ausgeschlossen
bleiben muß, weil er *als eine vom Bewußtseinszusammenhang unabhängige Hypothese*[68] der Erinnerung nicht zugänglich und daher dem Bewußtsein nicht integrierbar ist, ist eine Einschränkung, die sich von
selbst versteht. Unberücksichtigt bleiben aber auch alle die Elemente,

41

die «Erinnerung» immer wieder verhindern, Zwänge, Zensurmechanismen, die gesamte Libidotheorie, Massenpsychologie – schlechthin alles, wodurch sich die Psychoanalyse auf die Auseinandersetzung mit der Wirklichkeit einläßt. Diesen militanten Zug der Psychoanalyse hat Adorno später selbst sehr entschieden hervorgehoben und ihn gegen den *Revisionismus* der amerikanischen Schule (Karen Horney, Erich Fromm) verteidigt: *An der Psychoanalyse ist nichts wahr als ihre Übertreibungen.*[69] In seiner ersten Habilitationsschrift dagegen wird die Psychoanalyse aus einem Alexanderzug in den unbekannten Kontinent des Unbewußten zu einer Art Operettenfeldzug, aus der schwer umkämpften Standarte «Erinnerung», die im Getümmel der Triebe den Weg weist, wird das Souvenir, durch das der Bürger sich vergewissert, daß er auch in der Fremde immer bei sich, im trauten Heim seines «Bewußtseinszimmers» (Nietzsche) bleibt.

Die bis an die Grenze der Parodie gehende Verharmlosung der Psychoanalyse, die gleichwohl unumgänglich ist, wenn sie mit der Transzendentalphilosophie auf einen Nenner gebracht werden soll, zeigt unübersehbar an, daß ein Modell der Aufklärung, die reine Reflexionsphilosophie, zu Ende gegangen ist. Adorno selbst ist das nicht verborgen geblieben. Das abschließende Kapitel ist alles andere als ein zusammenfassender Rückblick, es ist angesichts der Entschiedenheit, mit der der Autor die Lunte an das eigene Werk legt, Ausdruck einer geistigen Krisis, die ohne Rücksicht auf die möglichen Folgen durchbricht. Denn Adorno kann im Ernst nicht erwartet haben, daß Cornelius seine Habilitation noch befürworten werde, nachdem im letzten Kapitel von der Immanenzphilosophie nur noch ein Trümmerhaufen übriggeblieben war. Mit der unvermittelt vorgetragenen Forderung, daß Theorien stets auch auf die *Zeitsituation* zu beziehen seien – *Die Funktion einer Theorie in der gesellschaftlichen Realität ist stets selbst gesellschaftlich*[70] –, ist die Immanenz der Reflexion verlassen und die Transzendentalphilosophie insgesamt in Frage gestellt, da das Kriterium der Wahrheit einer Reflexion nicht mehr auf das einzelne Subjekt und den von ihm vollzogenen Akt der transzendentalen Synthesis bezogen ist, sondern auf eine überindividuelle Institution, die Gesellschaft. Es kommt hinzu, daß in diesem Zusammenhang plötzlich ein neuer Rationalitätsbegriff eingeführt wird. Unverkennbar sei, heißt es nun, *daß der positiven Bedeutung des Begriffes des Unbewußten in der gegenwärtigen Philosophie die gesellschaftliche Realität selber widerspricht. Denn die herrschende Ordnung der Wirtschaft steht im Zeichen der Rationalität und ist nichts weniger als ein Organismus von der Art, wie die Lehren vom Unbewußten ihn als Maß und Norm propagieren.*[71] Damit ist der Bruch mit Cornelius unvermeidlich geworden. Denn mit der stillschweigenden Einführung von Max Webers Begriff der formalen Rationalität wird die Vernunft in zwei einander widersprechende Gestalten zerlegt: in eine bloß formale, inhaltsleere, für die Horkheimer später den Begriff «instrumentelle Vernunft» prägen wird, und, unausgesprochen, in eine zweite, inhaltsreiche Gestalt, die als die eigentliche, «richtige» Vernunft anzusehen ist.

Mit dem Schlußkapitel seiner Arbeit vollzieht Adorno zugleich die Wendung von der Transzendentalphilosophie zur Ideologiekritik. Von der Philosophie unterscheidet sich die Ideologie dadurch, daß ihr eigentlicher Sinn nicht in ihrem manifesten Inhalt, sondern in der *Funktion*, die sie innerhalb der Gesellschaft ausübt, aufzusuchen ist; diese Funktion kann in direktem Widerspruch zu ihrem Wortlaut stehen. Denn der eigentliche Sinn einer Ideologie erschließt sich nicht der immanenten, sondern nur der transzendenten, sie auf «Gesellschaft» beziehenden Analyse: Philosophie wird abgelöst von Ideologiekritik. Mit der ideologiekritischen Wendung des Irrationalismus-Problems will Adorno zum Ausdruck bringen, daß die Vertreter einer organizistischen Philosophie eine Art Ablenkungsmanöver betreiben: während sie scheinbar die irrationalen, «organischen» Kräfte verherrlichen, sind sie in Wahrheit daran interessiert, zu verschleiern, daß die Gesellschaft längst dem Diktat einer bloß formalen Vernunft folgt, einer starren Ordnung, die den wirklichen Bedürfnissen der Menschen entgegensteht: *Zunächst wollen jene Lehren von der herrschenden Wirtschaftsweise und der Vormacht des Ökonomischen insgesamt ablenken, indem sie den Nachweis führen, daß es außer den ökonomischen Mächten andere, nicht minder wirksame gibt, die von Bewußtsein in jedem Sinne unabhängig und darum der wirtschaftlichen Tendenz der Rationalisierung enthoben sind... Als solche vom wirtschaftlichen Produktionsprozeß unabhängige Realitäten werden eben die unbewußten Kräfte der Seele angesehen, in die man sich nur zurückzubegeben braucht, um in Kontemplation oder Genuß Erholung vom wirtschaftlichen Zwang zu finden wie in Sommerfrischen des Bewußtseins.*[72] Um sich *vernünftiger Kritik ein für allemal zu entziehen*, berufen sich diese politischen Strömungen auf *ontologische, bewußtseinsunabhängige, transzendente und irgendwie heilige Wesenheiten*[73]. Dagegen ist es dem Autor um eine *Entzauberung des Unbewußten* zu tun. Dieses sei nicht mehr als eine *transzendentale allgemeine und notwendige Gesetzmäßigkeit*, die zu verstehen keineswegs ein *Vorrecht höher gearteter Menschen* darstelle, sondern *für alle* einsichtig sei.[74] Da das Unbewußte durch die Psychoanalyse für das Bewußtsein kontrollierbar geworden sei, könne es nicht mehr als ein besonderer Wert, als Quelle metaphysischer Intuition angesehen werden.

Adorno hat wohl selbst nicht damit gerechnet, daß sein Bruch mit der Transzendentalphilosophie folgenlos bleiben würde. Als er die Arbeit am 14. November 1927 der Fakultät vorlegt, sucht er vorsichtshalber nicht formell um die Eröffnung des Habilitationsverfahrens an, sondern beschränkt sich auf die *Anfrage*, ob er mit dieser Schrift Aussicht auf

Habilitation habe. Ebenso inoffiziell ist die Antwort, die Cornelius erteilt. Er verfaßt kein Gutachten, sondern teilt in einem Brief an die Kommissionsmitglieder mit, bei der Arbeit handle es sich um «durchweg einfache, wenn auch mit vielen Worten ausgeschmückte Wiedergaben dessen», was er selbst, Cornelius, veröffentlicht habe.[75] Eine Stellungnahme zur *Schlußbetrachtung* vermeidet er, indem er vorgibt, das Kapitel über die Psychoanalyse noch nicht gelesen zu haben. Am 11. Januar 1928 wird die Arbeit zurückgezogen.

Durch den Bruch mit der Transzendentalphilosophie ist das gewichtigste Hindernis beseitigt, das einer gleichrangigen Entwicklung von Adornos philosophischem und musiktheoretischem Denken entgegengestanden hatte. Hatte auf dem Gebiete der Musik der junge Kritiker schon in seinen ersten Arbeiten (Frühjahr 1922) darauf beharrt, daß keine Konventionen und Formen mehr unbezweifelbare Gültigkeit beanspruchen könnten, so hatte er sich in der Philosophie noch mehr als fünf Jahre später einer abstrakt gewordenen Autorität untergeordnet. Adornos Wendung zur Ideologiekritik ist ohne Zweifel auf den Einfluß Horkheimers, der sich im stillen bereits auf die Übernahme der Leitung des Instituts für Sozialforschung vorbereitet, zurückzuführen.

Felix Weil

Hermann Weil

Das Institut war am 22. Juni 1924 eröffnet worden; seiner Gründung war, im Sommer 1922, die Erste Marxistische Arbeitswoche (EMA) vorangegangen; unter den Teilnehmern war neben Georg Lukács und Karl Korsch auch Felix Weil, der damals den Plan faßte, die angesichts der Entwicklung in der Sowjet-Union dringlich gewordene Diskussion marxistischer Theorien in großem Stil voranzutreiben, und zwar durch ein Institut, das der Universität zwar angegliedert, in seiner Tätigkeit und seiner finanziellen Ausstattung jedoch unabhängig sein sollte. Die notwendigen Mittel stellte sein Vater, Hermann Weil, der als Getreidehändler in Argentinien ein riesiges Vermögen angesammelt hatte, zur Verfügung. Dieser hatte während des Kriegs in einer Reihe von Denkschriften, die auch dem Kaiser zur Kenntnis gelangt waren, einen hemmungslosen Imperialismus vertreten und unter Berufung auf seine Kenntnisse der internationalen Versorgungslage stets aufs neue den alsbaldigen Zusammenbruch der gegnerischen Mächte prophezeit. In den zwanziger Jahren entschließt er sich, ein Institut mit marxistisch-revolutionärem Programm zu finanzieren, weil er offenbar hofft, auf diese Weise mit der Sowjet-Union ins Geschäft zu kommen.[76] Als Direktor wird der 1861 geborene Carl Grünberg, ein ausgewiesener Kenner des Marxismus und der

Das Institut für Sozialforschung in Frankfurt a. M., 1924

Arbeiterbewegung, Herausgeber einer als «Grünbergs Archiv» bekannten sozialwissenschaftlichen Zeitschrift, von Wien nach Frankfurt berufen. In seinem Eröffnungsvortrag betont Grünberg, daß er unter Marxismus vor allem eine wissenschaftliche Methode, nicht jedoch eine Revolutionstheorie verstehe. Sein berühmt gewordenes Wort von der «Diktatur des Direktors»[77] ist also nicht in politischem Sinne zu verstehen, sondern als Forderung nach einer einheitlichen Forschungsmethode für das Institut; ausdrücklich grenzt sich Grünberg ab gegen das Kölner Forschungsinstitut für Sozialwissenschaften, das von so unterschiedlichen Wissenschaftlern wie Christian Eckert, Leopold von Wiese, Max Scheler und Hugo Lindemann gleichberechtigt geleitet wird.

Schon im Jahre 1926 gilt Horkheimer Eingeweihten als der künftige Direktor des Instituts.[78] 1927 erleidet Grünberg einen Schlaganfall. Die Ernennung Horkheimers, der nach seiner Habilitation (1925) nur einige Wissenschaftsfeuilletons veröffentlicht hatte[79], erfolgt drei Jahre später.

Im Jahre 1926 war Adorno, nach nur einjährigem Aufenthalt in Wien, nach Frankfurt zurückgekehrt; sein hartnäckiges Schweigen über den Grund dieser Entscheidung läßt vermuten, daß er zu jener Zeit die Hoffnung preisgeben mußte, sich als Komponist einen Namen zu machen. Die Ablehnung der Arbeit durch Cornelius bedeutet nun auch das vorläufige Ende der akademischen Pläne. Die letzten zwanziger Jahre, die Adorno überwiegend in Berlin verbringt, bringen weitere Mißerfolge. «Er meinte damals, wir zwei hätten die Aufgabe, Maßstäbe in der Musikkritik zu setzen», berichtet H. H. Stuckenschmidt. «In zwei Fällen waren wir Rivalen bei der Besetzung wichtiger Musikkritikerstellungen: 1928 an der Prager ‹Bohemia›, 1929 an der Berliner ‹B. Z. am Mittag›. Beide Male wurde ich engagiert.»[80]

In Berlin besucht Adorno Gretel Karplus, eine promovierte Chemikerin, die er 1935 heiraten wird, er hat Umgang mit Ernst Bloch, Otto Klemperer, Walter Benjamin, Bertolt Brecht, Kurt Weill, Hanns Eisler. Trotzdem muß Adorno den Aufenthalt in Berlin als traumatisch erfahren haben. Während er auf den Aufenthalt in Wien immer wieder zu sprechen kommt, ist das Schweigen über Berlin so vollständig, daß leicht der Eindruck entstehen könnte, er sei dort nie gewesen. Nur ein einziges Mal wird angedeutet, wie Adorno die Stadt damals wahrgenommen haben muß: *Die Phrase «Kommt überhaupt gar nicht in Frage», die im Berlin der zwanziger Jahre aufgekommen sein dürfte, ist potentiell schon die Machtergreifung. Denn sie prätendiert, daß der private Wille, gestützt manchmal auf wirkliche Verfügungsrechte, meist auf bloße Frechheit, un-*

Hanns Eisler

*mittelbar die objektive Notwendigkeit darstelle, die keinen Einspruch zu-
läßt. Im Grunde ist es die Weigerung des bankrotten Verhandlungspart-
ners, dem andern einen Pfennig zu zahlen, im stolzen Bewußtsein, daß
es bei ihm ja doch nichts mehr zu holen gibt. Der Trick des betrügeri-
schen Advokaten tut sich großmäulig als heldische Unbeugsamkeit auf:
sprachliche Formel der Usurpation. Solcher Bluff definiert gleichermaßen
den Erfolg und den Sturz des Nationalsozialismus.*[81] In Berlin muß
Adorno zum erstenmal im Ernst erfahren haben, in welchem Ausmaße
die eigene Position, das Festhalten an der Autonomie des Individuums, gefährdet ist, ohne daß er sich zu Versuchen, das Individuum in
einem übergeordneten Kollektiv aufgehen zu lassen, hätte bekehren
können.

Vielmehr sucht er Zuflucht vor dem in Zersetzung begriffenen Bürgertum bei einer Schicht, die entweder noch *wirkliche Verfügungsrechte*
über wirtschaftliche Macht besitzt oder noch an der Aura eines nicht auf
den Konkurrenzkampf reduzierten Daseins teilhat: also in den Kreisen
führender Industrieller und beim hohen Adel. «Alle Gesellschaftskritik
vermochte nichts gegen sein vehementes Bedürfnis zu Gemeinsamkeiten mit dieser society, und dies ließ ihm Kritik an den einzelnen Mitglie-
dern dieser Gesellschaft stets unzulässig erscheinen. Es führte zu einer
ernsten Verstimmung, als ich ihn eines Abends zu einem Hause beglei-
tete, das, zumindest in Hinsicht auf seine industrielle Machtstellung, damals als das erste am Ort zu bezeichnen war, und von dem ich wußte,
daß man dort – im Herbst 1932 – die endgültige Wendung zu Hitler
schon vollzogen hatte. Dies teilte ich Wiesengrund mit. Verdrossen er-
widerte er, daß er von mir am letzten erwartet hätte, ich wolle ihm einen
schönen Abend verderben.»[82] Im Umgang mit dem Adel lebt Adorno
alle diejenigen Neigungen und Sehnsüchte aus, für die es in der Gegenwart keinen Ort mehr gibt, so die ausgeprägte Neigung zu zeremoniösen
Umgangsformen; in den *Minima Moralia* ist einmal ernst und ausführlich die Rede von den Problemen der Etikette, die sich für denjenigen
ergeben, *der einem gar zu jungen Mädchen von Familie respektvoll die
Hand küßt*[83]. Während in aestheticis jede nur durch Tradition überlieferte Form der Kritik ebenso unnachsichtig verfällt wie der Versuch,
eine «Gemeinschaft» zu beschwören, die es in der Realität nicht mehr
gibt, bewahrt Adorno sich im gesellschaftlichen Umgang ein Reservat,
in dem Geborgenheit in einer überlieferten Ordnung sich verbindet mit
einer Form von Individualität, deren Preis noch nicht Vereinsamung ist.

Von diesen Neigungen lassen die zahlreichen ideologiekritischen Aufsätze, die seit 1927 entstehen, nichts ahnen. Mit wechselndem Erfolg
bemüht sich Adorno, direkte Verbindungen aufzudecken zwischen der
aktuellen politischen Situation und der musikalischen Produktion. So werden in dem Aufsatz *Schlageranalysen* (1929) drei Schlager aus den Jahren 1915, 1925, 1928 nebeneinandergestellt; im ersten – «Ich weiß auf

der Wieden ein kleines Hotel» – sind, Adornos Analyse zufolge, noch die popularisierten Elemente der Vorkriegskultur anzutreffen; aus dem Titel des zweiten Schlagers, «Valencia», schließt Adorno auf erste Auswirkungen der Stabilisierungsphase: *Erste Zeit nach der Inflation – man kann wieder reisen,* während der dritte, 1928 entstandene Schlager «Ich küsse Ihre Hand, Madame», ein Bürgertum erkennen läßt, das bereits wieder Geschmack daran findet, gesellschaftliche Konventionen der Vorkriegszeit neu zu beleben. Gerade der noch aus einer feudalen Welt stammende Handkuß – den Adorno im übrigen noch in seinen letzten Lebensjahren bei der Begrüßung von sehr jungen oder sehr alten Damen zu kultivieren pflegte, in einer mit der Etikette freilich nicht ganz zu vereinbarenden, weithin schallenden Weise –, gerade der Handkuß also wird einer strengen ideologiekritischen Analyse unterzogen. Adorno zieht zunächst den englischen Originaltext des Schlagers heran:

I kiss your little hand, Madame,
and dream I kissed your lips,
you see I'm so gallant, Madame,
on such a night as this

– und fährt dann fort: *Also nicht einmal immer: der Flegel. Die Konvention, die wiederkommt, ist noch neu, er küßt ihre Hand immer noch bloß, weil er mit ihr schlafen will; hat sie es getan, so wird er's bleiben lassen. So sind die stabilisierten Konventionen; lose Hülle überm Chaos, beliebt nur, damit man seinen Vorteil davon hat.*[84] Auf diese Art von recht handfester Ideologiekritik scheint sich Adorno nunmehr festlegen zu wollen.

Die Serie dieser ideologiekritischen Arbeiten, in denen unverdrossen direkte Beziehungen zwischen ökonomischer Basis und kulturellem Überbau hergestellt werden, findet ihren Höhepunkt und zugleich ihren Abschluß in dem umfangreichen Aufsatz *Zur gesellschaftlichen Lage der Musik,* der im ersten Band der von Horkheimer herausgegebenen «Zeitschrift für Sozialforschung» erscheint, neben anderen, ebenfalls als Bestandsaufnahme angelegten Artikeln, wie etwa von Erich Fromm über Psychoanalyse und Gesellschaft und Leo Löwenthal über «Die gesellschaftliche Lage der Literatur». Schon die äußere Anlage von Adornos Beitrag – er ist gegliedert nach Produktion, Reproduktion und Konsum – zeigt, daß es dem Autor darauf ankommt, die Übereinstimmung seiner Kategorien mit dem von Horkheimer vorgegebenen Ansatz des Instituts zu demonstrieren.[85]

Komponierstil der Freiheit

Schon Ende April 1923 wird ein Streichquartett des neunzehnjährigen Theodor Wiesengrund-Adorno aufgeführt, zusammen mit Liedern von Ludwig Rottenberg, des Chefs der Frankfurter Oper, der sich trotz seines vorgerückten Alters intensiv für avantgardistische Komponisten wie Schreker, Busoni, Stephan, Hindemith und Bartók einsetzt. Im folgenden Jahr, 1924, erscheint ein Artikel des Kritikers Arthur Holde, «Frankfurt als Musikstadt», in dem der junge Komponist fast gleichberechtigt neben seinem Lehrer Bernhard Sekles und seinem Rivalen Paul Hindemith genannt wird. Diese frühe Anerkennung zählt um so mehr, als Frankfurt in den zwanziger Jahren eine der führenden Musikstädte Deutschlands ist und im Hinblick auf die Neue Musik sogar internationale Reputation genießt. Wilhelm Furtwängler, der in den Jahren 1920 bis 1922 die meisten Museumskonzerte leitet, führt im Januar 1921 Schönbergs «Pelleas und Melisande» auf. 1922 wird der energische Hermann Scherchen, kompromißloser Verfechter der Neuen Musik, zum Leiter der Museumskonzerte berufen. Als zur Feier von Schönbergs 50. Geburtstag die «Gurrelieder» aufgeführt werden, singen im Chor nicht nur Hindemith, Rottenberg und Sekles mit, sondern auch Oberbürgermeister und Polizeipräsident.[86] Während des Kammermusikfests «Neue Musik», das Scherchen im Juni 1923 organisiert, finden Konzerte in den Römerhallen und sogar im Kaisersaal des Römers statt. Der Höhepunkt dieser Veranstaltungen, die deutsche Erstaufführung von Strawinskys «Histoire du soldat», wird allerdings von Wiesengrund-Adorno, der sich auch schon als Kritiker einen Namen gemacht hat, sehr ungnädig aufgenommen. Strawinskys Musik sei Parodie um der Parodie willen, es gebreche ihr an *Wesenhaftigkeit... um aus dem Negativen herauszutreten... die alten Formen sind zerbrochen, die formlose Seele labt sich an den Ruinen. Vive Strawinsky, vive Dada! – er hat das Dach eingerissen, nun rinnt ihm der Regen auf die Glatze*[87], ruft der junge Kritiker aus, der noch im Schmuck seiner «vollen dunklen Locken»[88] einhergeht.

Die gegen Strawinsky erhobene Forderung, *aus dem Negativen herauszutreten,* gründet in der Überzeugung, daß die Neue Musik nicht bei der Destruktion veralteter Formen stehenbleiben müsse, sondern ein Potential enthalte, Freiheit auszukomponieren. Schon für den Acht-

Igor Strawinsky

zehnjährigen steht fest, daß *Schönbergs Können einzig*[89] ist. Indessen bleibt Schönberg zunächst inkommensurabel; noch im Sommer 1923, als sich Adorno schon sicher genug fühlt, um an Strawinsky kein gutes Haar zu lassen, schreibt er zu Schönbergs George-Liedern: *... ich gestehe mich außerstande, heute schon distanziert dazu Stellung zu nehmen.*[90] Daher kommt es, daß er seine Ästhetik zunächst negativ entwickelt, als kritische Auseinandersetzung mit solchen Formen, die nicht mehr geeignet sind, dem Subjekt in der Musik zu authentischem Ausdruck zu verhelfen.

Die grundlegende ästhetische Maxime, auf der alle späteren aufbauen, liegt bereits im Jahre 1922 vor: nur die ästhetischen Formen können Gültigkeit beanspruchen, die das einzelne Subjekt von sich aus zu füllen vermag, ohne sich bloß auf Überlieferung oder Konvention zu verlassen. *Nur vom Ich aus und seiner weiterwirkenden Entscheidung läßt sich über das Ich hinauswachsen, kein objektives Gehäuse faßt uns, wir müssen unser Haus selbst bauen.*[91] Dagegen heißt es über Pfitzner: *Die Ideenlosigkeit der Form, der das menschliche Wozu abgeht, läßt den mühselig aufgetürmten Formbau ins Formalistisch-Epigonale umkippen.*[92] Der Kritik verfällt aber auch der Versuch, durch metaphysische Setzungen Subjektivität gleichsam von außen zu stützen: *Man kann keine Kathedralen bauen, wenn keine Gemeinde sie begehrt, – auch wenn man selber an Gott glaubt. Man kann nicht zur Objektivität kommen, indem man seine Subjektivität in fremde, an andere metaphysische, ästhetische, sozio-*

logische Voraussetzungen geheftete Formen bannt.[93] In diesem Sinne wird nicht nur Hindemiths «Marienleben» (nach Gedichten von Rilke) kritisiert, sondern auch noch, fast vierzig Jahre später, Beethovens «Missa solemnis».

Während des folgenden Jahres, 1923, bildet sich Adornos Feindbild innerhalb der Neuen Musik selbst; Strawinsky und Hindemith werden als führende Repräsentanten von Neoklassizismus, Objektivismus, Neuer Sachlichkeit in der Musik angegriffen, als Komponisten, die sich zwar der von der Neuen Musik entwickelten formalen Errungenschaften bedienen, diese aber dem willkürlichen Zugriff, dem *Diktat eines musikalischen Ingenieurs*[94] unterwerfen, der sie so zusammenfügt, daß sie sich zur Propagierung einer beliebigen, ihnen äußerlich bleibenden Ordnung verwenden lassen. *Das Mittel dazu ist der Rückgriff auf sogenannte «vorklassische» musikalische Modelle, auf Bach, Händel, Pergolesi, Scarlatti u. v. a. Entscheidend dabei ist der vorindividualistische und vorbürgerliche Charakter der beschworenen Modelle, die der subjektiven Dynamik, der Psychologie, dem funktionalen Übergang so wenig Raum lassen wie einem «feuchten» Klang einer leittönigen Harmonik.*[95] Die von Adorno am Neoklassizismus geübte Kritik läuft also auf den Vorwurf hinaus, dieser habe die bürgerlich-liberale Kategorie der Vermittlung abgeschafft; unter Horkheimers Einfluß wird er die Übereinstimmung dieser Technik mit dem Monopolkapitalismus, der die Zirkulationssphäre veröden läßt und die über den Markt hergestellte Ordnung durch direkte Maßnahmen ersetzt, immer stärker betonen, bis die *objektivistische* Musik schließlich geradezu als das Modell einer Kunst erscheint, die dem autoritären Staat angemessen ist. Diese These von der Affinität von Neoklassizismus und Faschismus wird Adorno in seinem Aufsatz *Über die gesellschaftliche Lage der Musik* systematisch ausarbeiten.

Wenn Adorno als Kritiker Strawinsky dessen angebliche Unfähigkeit vorhält, das in den neuen Kompositionstechniken enthaltene Potential an Freiheit auszukonstruieren, so beginnt sich zur gleichen Zeit abzuzeichnen, daß ihm als Komponisten ähnliche Schwierigkeiten zu schaffen machen. Nach der Aufführung seines Streichquartetts schreibt die «Frankfurter Zeitung»: «Ein... Werk... das durch die Frische seiner Themen sympathisch wirkt – nur werden die Hoffnungen, die man an die Anfänge der einzelnen Sätze knüpft, in deren Verlauf einigermaßen enttäuscht. Ihr Antrieb verebbt zu bald, vor allem bei dem harmonisch fein einsetzenden Adagio. Es bleibt bei einzelnen guten Episoden, ohne daß die Spannung über das Ganze ausgedehnt würde. Kurz, es fehlt noch zu sehr an Gestaltungskraft.»[96] Mit diesen Sätzen sind die Schwierigkeiten, mit denen Adorno als Komponist zu kämpfen hat und an denen er schließlich scheitern wird, sehr genau bezeichnet. Seine ästhetische Grundüberzeugung: daß die *Musik allein im einzelnen Menschen gründet, während ihr zwischenmenschlicher Sinn aus der geordneten Ge-*

meinschaft herausbrach und zum Diener unbestätigter Konventionen wurde[97], läßt ihn zwar zum unbestechlichen Kritiker aller Versuche werden, die Vereinzelung des Subjekts durch dessen Integration in ein Kollektiv zu durchbrechen; so verfallen alle folkloristischen Züge in der Musik, sofern sie nicht, wie bei Mahler, in sich gebrochen sind, der Kritik, die Werke Bartóks ausgenommen; vollends ist Chorgesang *zur puren Ideologie*[98] geworden. Aber dieser geschärfte Sinn für das Moment von Unwahrhaftigkeit in künstlich hergestellten Kollektiven birgt zugleich die eigentliche Gefahr, die Adornos musikalischer Produktion droht. Denn der Verzicht auf vorgegebene Formen, der charakteristisch ist für musikalischen Expressionismus, wirft das Problem auf, wie die musikalische Zeit zu organisieren sei. Die Werke werden entweder so kurz, daß sich diese Frage gar nicht erst stellt, oder die Musik folgt in ihrem Verlauf einem dichterischen Text und damit einer Ordnung, die außerhalb ihrer selbst gelegen ist.

Die sogenannte Zwölftontechnik, die Schönberg in den frühen zwanziger Jahren, um 1922, entwickelt, hat daher vor allem die Funktion, neue Formen aus dem musikalischen Material selbst hervorgehen zu lassen: allein durch die Grundreihe und ihre gebräuchlichsten Modifikationen – Umkehrung der Reihe, Krebs, Umkehrung des Krebses – ergeben sich 48 verschiedene Reihengestalten.[99] Die Zwölftontechnik ergänzt das Ausdrucksprinzip, wie es sich in der freien Atonalität durchgesetzt hatte, durch das Prinzip der Konstruktion; hatte durch die Überwindung der tonalen Gebundenheit das Subjekt vollkommene Freiheit des Ausdrucks erlangt, so stellt die neue Technik sicher, daß der emanzipierte Ausdruck nicht erneut, wie dies im Neoklassizismus der Fall ist, einer vorgegebenen Form unterstellt wird. Die Form wird «konstruiert», aus dem musikalischen Material selbst gewonnen, durch rationale Organisation, die keinen Ton zufällig, isoliert, in einer bloß naturwüchsigen Ordnung stehen läßt.

Obwohl die Autorität Schönbergs für Adorno zeitlebens unerschüttert bleiben wird – von keinem anderen Komponisten spricht er auch noch in seinen späteren Jahren als dem *Meister*, in einem Tonfall unbedingter Gefolgschaft –, bezieht sich seine Verehrung eher auf den Begründer der freien Atonalität als auf den Erfinder der Zwölftontechnik, gegen die er im Laufe der Zeit immer deutlichere Vorbehalte entwickelt. Das gilt noch nicht für die zwanziger Jahre, vor allem wohl, weil mit Schönbergs neuer Technik endlich die Möglichkeit gegeben zu sein scheint, die Dissoziation von formaler und inhaltlicher Vernunft, von Max Weber als Teil des die westliche Zivilisation in allen Bereichen prägenden Rationalisierungsprozesses gedeutet, zu überwinden. Weber war zu dem Ergebnis gekommen, daß als Folge des Auseinandertretens von formaler und inhaltlicher Vernunft Werturteile für immer aus der Wissenschaft ausgeschlossen bleiben müßten; geurteilt werden könne hier

Arnold Schönberg

nur über solche Fragen, die sich in Begriffen der Rationalität von Zwecken und Mitteln fassen ließen. In Schönbergs Zwölftontechnik sieht Adorno nun die Möglichkeit, formale bzw. «technische» und inhaltliche Vernunft wieder zusammenzuführen. Bei der Zwölftontechnik handle es sich um *gute* Rationalität, und zwar deshalb, weil sie mit *Phantasie* vermittelt sei: ... *die Rationalität der Zwölftontechnik ist nicht die schlechte und leere des praktikablen Systems.*[100]

Darin unterscheidet sich die Rationalität der *Komposition mit zwölf Tönen* von der Rationalität der Neuen Sachlichkeit, die nicht vom Subjekt ihren Ausgang nimmt, sondern es in der technischen Perfektion verschwinden läßt. Die Neue Sachlichkeit eliminiert das Subjekt, die Zwölftontechnik dagegen öffnet die Perspektive auf einen Zustand, in dem die Wirklichkeit nicht von den anonymen Zwängen des ökonomischen Systems, sondern von dem befreiten Subjekt aus organisiert ist. Aus diesem Grunde ist für Adorno die Zwölftontechnik mit der Marxschen Theorie ohne weiteres vereinbar, ja, sie wird von ihm offenbar als deren genaue Entsprechung in der Musik aufgefaßt: die Naturbeherrschung, wie sie durch das kapitalistische System praktiziert wird, folgt keinem vernünftigen Plan und führt gerade deshalb zur *Verewigung eines blinden Naturzustandes*; dagegen bezeichnet die Rationalität der Zwölftontechnik *eine geschichtliche Stufe, auf der das Bewußtsein das Naturmaterial in die Gewalt nimmt, seinen dumpfen Zwang tilgt, ordnend benennt und erhellt ganz und gar*[101]. Nicht um Aufhebung von Naturbeherrschung schlechthin geht es also, sondern darum, diese allererst in den Dienst der Menschen zu stellen.

In der Verbindung von Zwölftontechnik und marxistischer Theorie ist aber auch der Grund dafür enthalten, daß Adorno später, etwa ab 1940, dieser Kompositionsweise mit deutlichen Vorbehalten begegnen wird. Die dreißiger Jahre hatten nicht nur die endgültige Niederlage der Arbeiterbewegung und den Sieg des Faschismus gebracht, sondern auch den Terror der Schauprozesse Stalins. Damit war der Hoffnung – in der die Zurückhaltung des Instituts für Sozialforschung gegenüber den Vorgängen in der Sowjet-Union bis in die dreißiger Jahre hinein begründet war –, es existiere noch eine geschichtliche Macht, die der Vernunft doch noch zur Durchsetzung zu verhelfen vermöge, der Boden entzogen. «Die Mängel der revolutionären Führung können in der Tat ein Unglück sein», hatte Horkheimer in den frühen dreißiger Jahren geschrieben. «Mag der politische Kampf gegen die Unmenschlichkeit der gegenwärtigen Zustände so schlecht wie nur möglich geleitet sein, er ist die Form, die sich der Wille zu einer besseren Ordnung in diesem historischen Augenblick geben konnte... Jedwede Mangelhaftigkeit der Führer hebt also die Tatsache nicht auf, daß sie der Kopf dieses Kampfes sind.»[102] Spätestens mit dem Pakt zwischen Hitler und Stalin muß diese Hoffnung endgültig aufgegeben werden.

Es entsteht die von Horkheimer und Adorno gemeinsam verfaßte *Dialektik der Aufklärung*, deren radikaler Pessimismus in der These begründet ist, daß, wenn der Geschichtsprozeß in die universale Herrschaft totalitärer Irrationalität einmündet, die Ursache hierfür nicht im Gegensatz der Klassen aufzusuchen ist, sondern in einer Erkrankung der Vernunft von den frühesten Anfängen der Menschheitsgeschichte an. Wenn es sich aber so verhält, daß die Vernunft, durch die die Menschen sich die Natur unterwerfen, immer schon mit Herrschaft verbunden ist, dann ist eine Veränderung zum Besseren hin selbst dann nicht mehr von der geschichtlichen Entwicklung zu erwarten, wenn diese, im Marxschen Sinne, vernünftig organisiert sein sollte, sondern nur noch von einer radikalen Selbstreflexion der Vernunft. Die *Dialektik der Auf-*

55

Aus Adornos Komposition «Klage» (op. 5), zu sechs Gedichten von Trakl, 1941

klärung orientiert sich daher nicht mehr an einer Utopie, die in der Geschichte zu realisieren wäre, sondern an der Utopie einer Resurrektion der Natur: die sich selbst durchsichtig gewordene Vernunft ließe davon ab, die Natur zu unterwerfen. Damit aber ist auch eine ungebrochen positive Einschätzung der Zwölftontechnik nicht mehr möglich. Der Begriff der *guten Rationalität*, den Adorno in Beziehung auf diese Kompositionstechnik gebrauchte, schloß als selbstverständlich ein, daß es auch eine «gute» Naturbeherrschung geben könne. Die deutlichsten kritischen Vorbehalte gegen die Zwölftontechnik finden sich denn auch in der *Philosophie der neuen Musik*, die der Autor ausdrücklich als seinen *ausgeführten Exkurs zur «Dialektik der Aufklärung»*[103] verstanden wissen will. Hier betont Adorno, daß auch die Zwölftontechnik zum Selbstzweck, zu einer bloß technischen Bastelei geraten könne. Auch in der Musik setzt sich die Dialektik der Aufklärung durch: die Technik, durch die der Komponist glaubte, den Naturzwang brechen zu können, schlägt dann auf ihn zurück und beherrscht ihn selbst.

Die Analogie zwischen Marx und Schönberg, die Adorno konstruiert, läßt ihn in den späten zwanziger Jahren offensichtlich davon überzeugt sein, daß er von «Klassenkampf» nicht nur redet – der Begriff taucht in einigen Musikkritiken auf –, sondern aktiv an ihm teilnimmt. Die Frankfurter Ortsgruppe der «Internationalen Gesellschaft für neue Musik», die ihre Tätigkeit im Frühjahr 1929 aufnimmt, bezeichnet der engagierte Kritiker regelmäßig als *die Internationale* – bei aller Koketterie, die zweifellos auch im Spiele ist, ist es ihm mit dem Doppelsinn ganz offensichtlich ernst. Etwa zur gleichen Zeit übernimmt Adorno die künstlerische Leitung des Frankfurter Musikstudios; er nimmt sich vor, für *straffere künstlerische Disziplinierung*[104] zu sorgen. In die Redaktion des «Anbruch» tritt er, zu Beginn desselben Jahres, mit der erklärten Absicht ein, aus ihm eine *aktive musikpolitische Zeitschrift* zu machen. Von den bisherigen Mitarbeitern, dekretiert er, *haben diejenigen auszuscheiden, die zu der bestimmten Haltung, die der Anbruch einzunehmen hat... nicht passen... Die reaktionäre Musik... muß von nun an im Anbruch mit allen Mitteln der Polemik und rücksichtslos angegriffen werden.*[105] Verleitet die Überzeugung, daß künstlerischer und historischer Fortschritt nicht voneinander zu trennen seien, den frisch politisierten jungen Autor zu ungewöhnlich forschen Formulierungen, die sich auch im Kampfblatt einer straff organisierten Kaderpartei finden könnten, so muß er schon bald erfahren, daß man von ihm erwartet, die Kunst in den Dienst des Klassenkampfs zu stellen, keineswegs aber, diesen am Fortschritt in der Kunst sich orientieren zu lassen: schon im Herbst 1930 löst Adorno den Vertrag mit der Zeitschrift, *weil der Verlag das Blatt in ein pures Propagandaorgan verwandeln will* und ihm *die bescheidenste geistige Freiheit genommen hätte*[106]. Damit ist die einzige Periode in Adornos Leben beendet, in der er die Illusion hegen konnte, seine künstlerische Tätigkeit komme unmittelbar der politischen Praxis zugute.

Die Aktualität der Philosophie

Schon die Antrittsvorlesung *Die Aktualität der Philosophie*, mit der im Mai 1931 das Habilitationsverfahren (dem die Studie über Kierkegaard, eingereicht bei Paul Tillich, zugrunde liegt) abgeschlossen wird, ist wieder eine philosophische Abhandlung, auf Distanz bedacht sogar zur Soziologie, wahrscheinlich zum Verdruß Horkheimers, der kurz zuvor die Leitung des Instituts für Sozialforschung und den Lehrstuhl für Sozialphilosophie übernommen hatte. Natürlich kehrt Adorno nicht einfach zur Schulphilosophie zurück; daß er bei dieser Gelegenheit die gesamte akademische Disziplin herausfordert, versteht sich bei ihm fast von selbst. Darüber hinaus aber handelt es sich um eine Programmschrift, die für Adorno im wesentlichen zeitlebens verpflichtend bleiben wird; das gilt vor allem für die Kritik am Idealismus, mit der er seine Ausführungen eröffnet: *Wer heute philosophische Arbeit als Beruf erwählt, muß von Anbeginn auf die Illusion verzichten, mit der früher die philosophischen Entwürfe einsetzten: daß es möglich sei, in Kraft des Denkens die Totalität des Wirklichen zu ergreifen. Keine rechtfertigende Vernunft könnte sich selbst in einer Wirklichkeit wiederfinden, deren Ordnung und Gestalt jeden Anspruch der Vernunft niederschlägt; allein polemisch bietet sie dem Erkennenden als ganze Wirklichkeit sich dar, während sie nur in Spuren und Trümmern der Hoffnung gewährt, einmal zur richtigen und gerechten Wirklichkeit zu geraten.*[107] Unüberhörbar ist die Abgrenzung gegen Lukács, für den es von Anfang an darum geht, die «Totalität» zu denken; die «Theorie des Romans» entstand, weil Lukács dem Roman «Gesinnung zur Totalität»[108] zuschrieb. Aber erst nach der Wendung zum Marxismus gelingt es ihm, in «Geschichte und Klassenbewußtsein» (1924) die Begriffe zu entwickeln, mit denen es nach seiner Überzeugung tatsächlich möglich ist, der Totalität habhaft zu werden: die Warenform und das Bewußtsein des Proletariats.

Die Warenform ist für Lukács die universale Kategorie, mit der der entwickelte Kapitalismus die gesamte Wirklichkeit prägt. Damit hat er jedoch nicht nur ein äußerstes Maß an Entfremdung hervorgebracht, sondern zugleich das einzig mögliche Heilmittel: wenn die Warenform universal geworden ist, dann muß es auch möglich sein, durch sie die Totalität der Wirklichkeit zu denken. Die Fähigkeit hierzu aber ist dem

Proletariat vorbehalten, gerade weil es vollständig zum Objekt der Herrschaft des Kapitals, zur Ware, geworden ist, während die Bourgeoisie die Illusion hegen kann (und muß), sie vermöchte noch als Subjekt der Geschichte zu handeln. Diese Illusion aber führt zu ihrem Untergang. Da es der Bourgeoisie nicht möglich ist, Totalität zu denken, ist sie der geschichtlichen Entwicklung als Objekt ausgeliefert, während das Proletariat in dem Augenblick, da es zum Bewußtsein seines eigenen Zur-Ware-Gewordenseins gelangt, der Totalität ganz inne wird: in der Revolution, die die notwendige Folge dieses Bewußtseinsaktes ist, verschwindet die Warenform für immer. Lukács erhebt also den Anspruch, die Identität von Sein und Denken wieder herzustellen, nicht durch idealistische Spekulation, sondern durch Vermittlung mit der von Marx vorgelegten Kritik der politischen Ökonomie. Wenn es aber, wie Adorno dagegen betont, eine *Illusion* ist, durch Denken *die Totalität des Wirklichen zu ergreifen*, dann ist nicht nur der Ansatz von Lukács hinfällig, auch der Begriff der Totalität selbst wird zweifelhaft. Der Verdacht stellt sich ein, daß sie Trug ist, ein Gespinst, hervorgebracht von einer bloß subjektiven Vernunft, die ihren Anspruch auf totale Herrschaft ausgibt als objektive Totalität.

Diese Konsequenz ist in der Antrittsvorlesung von 1931 noch nicht ausgeführt, wohl aber prägt sie, mehr als zehn Jahre später, Adornos

Georg Lukács

Antwort auf den zentralen Satz der «Phänomenologie des Geistes» und damit der Hegelschen Philosophie überhaupt. Denn *Das Ganze ist das Unwahre*[109] ist nicht einfach eine Umkehrung des Satzes «Das Wahre ist das Ganze»[110]. Hegel sagt nicht «Das Ganze ist das Wahre», weil in diesem Falle Wahrheit prädiziert würde als bloße Eigenschaft eines an sich bestehenden Ganzen: das Ganze in seiner Faktizität wäre der Wahrheit vorgeordnet. Für Hegel verhält es sich gerade umgekehrt: das Ganze ist, auch wenn es durch die Copula mit dem Wahren – der Vernunft – identifiziert wird, diesem nachgeordnet. Das Ganze wird erst dadurch zum Ganzen, daß es wahr ist. Hier wird deutlich, daß Identität nicht einfach unterschiedslose Gleichheit bedeutet – in diesem Falle wären die Sätze «Das Wahre ist das Ganze» und «Das Ganze ist das Wahre» austauschbar –, vielmehr bedeutet Identität tatsächlich die «Identität von Identität und Nichtidentität»[111]. Unter diesen Voraussetzungen muß Adornos Satz *Das Ganze ist das Unwahre* gesehen werden. Adorno geht nicht aus von einem positiv gegebenen Begriff der Wahrheit, der für Hegel mit der existierenden Vernunft zusammenfällt. Nicht die Vernunft ist für Adorno das Allerwirklichste, sondern das «Ganze», die Totalität als der Inbegriff des wahnhaften Gespinstes, das aus bloß subjektiver, gleichwohl nach umfassender Herrschaft strebender Vernunft entstanden ist. Das Allerwirklichste ist somit zugleich das Allerunwirklichste: deshalb ist es *das Unwahre*. Und wenn auch mit diesem Urteil die Vernunft wieder ins Spiel kommt – denn ohne die Berufung auf die Vernunft als Instanz wäre es unmöglich oder unsinnig, von irgend etwas Existierendem zu sagen, daß es *das Unwahre* sei –, so wird die Vernunft doch nicht als ein für sich bestehendes Faktum vorausgesetzt, sondern sie wird sichtbar erst durch die Negation des unwahren Ganzen hindurch.

Trotz aller Kritik an der akademisch betriebenen Philosophie aber ist Adorno nicht bereit, ihre Existenzberechtigung ernsthaft in Frage zu stellen. Wenn zweifelhaft geworden ist, ob *überhaupt noch eine Angemessenheit zwischen der philosophischen Frage und der Möglichkeit ihrer Beantwortung* bestehe, dann liegt es zwar nahe, Philosophie abzuschaffen oder sie nur noch als *Ordnungs- und Kontrollinstanz der Einzelwissenschaften*, die diesen nichts mehr hinzuzufügen habe, gelten zu lassen. Dagegen hält Adorno daran fest, daß die Aufgabe der Wissenschaft *Forschung*, die der Philosophie aber *Deutung* sei. Eine *deutend* verfahrende Philosophie teilt mit der idealistischen Identitätsphilosophie zwar das Festhalten am Begriff der Wahrheit, aber sie beansprucht nicht, die Wirklichkeit auf einen allgemeinen Begriff, etwa den der Vernunft, zu bringen oder Wahrheit aufzusuchen in einer zweiten, hinter der Welt der Erscheinung gelegenen Wirklichkeit: *Echte philosophische Deutung trifft nicht einen hinter der Frage bereitliegenden und beharrenden Sinn, sondern erhellt sie jäh und augenblicklich und verzehrt sie zugleich.*[112] Philosophische *Deutung* muß also in der diesseitigen Welt der Erscheinungen konstruiert werden, und zwar nicht aus unveränderlichen Ideen, sondern aus flüchtigen, bedeutungs- und intentionslosen, der Geschichte und der Vergänglichkeit verfallenden *Rätselfiguren des Seienden*. Dieser *Abhub der Erscheinungswelt* (der von Adorno zitierte Ausdruck Freuds wird zeit seines Lebens zu seinen Lieblingswendungen zählen) bildet gleichsam das *Material* der Philosophie. Deutung besteht darin, die *irreduziblen* – nicht auf Vernunftprinzipien zurückführbaren – Elemente zu konstruieren, sie in wechselnde *Konstellationen* oder auch *Versuchsanordnungen* zu bringen, *bis sie zur Figur geraten, die als Antwort lesbar wird, während zugleich die Frage verschwindet.*[113]

Während der Idealismus die Welt auf das Subjekt reduziert, vermeidet der um Deutung bemühte Philosoph es strikt, das *Material* seiner Subjektivität zu unterwerfen oder es durch willkürliche Sinngebungen zu verfälschen; vielmehr sieht er seine Aufgabe darin, durch *exakte Phantasie* – eine Phantasie, *die streng in dem Material verbleibt, das die Wissenschaften ihr darbieten, und allein in den kleinsten Zügen ihrer Anordnung über sie hinausgreift*[114] – den Gegenstand selbst zum Sprechen zu bringen. In der entschiedenen Wendung gegen jeden Versuch, die Wirklichkeit nach vorgegebenen Begriffen oder Intentionen zu strukturieren, sieht Adorno nicht nur die Affinität von deutender Philosophie und Materialismus begründet, sondern sogar die Einheit von Theorie und Praxis angelegt. Da Deutung nicht über oder hinter die Wirklichkeit hinausweist, sondern ihr zur Sprache verhilft, bringt sie die Rätsel des Daseienden, indem sie sie auflöst, zugleich zum Verschwinden. *Die Deutung der vorgefundenen Wirklichkeit und ihre Aufhebung sind aufeinander bezogen... aus der Konstruktion der Figur des Wirklichen folgt allemal die Forderung nach ihrer realen Veränderung.*[115] Ungeachtet solcher Wendungen aber, und trotz sporadischer Verwendung einiger marxistischer Begriffe, ist unübersehbar, daß Adorno mit Lukács, darüber hinaus aber mit den Sozialwissenschaften insgesamt wenig im Sinn hat. Von der *Warenform*, dem zentralen Begriff von «Geschichte und Klassenbewußtsein», wird nur höchst distanziert, *gedankenexperimentell*, gesprochen, und die Soziologie wird gar mit einem *Fassadenkletterer*[116] verglichen, offenbar weil dessen Einblicke zufällig und unvermittelt bleiben. Am unbedingten Vorrang der Philosophie, des spekulativen, vermittelnden Begriffs vor der eher empirisch verfahrenden Wissenschaft, gibt es für Adorno von Anfang an keinen Zweifel.

Mit der Antrittsvorlesung von 1931 ist der Zustand des Ungleichgewichts zwischen der musiktheoretischen und der philosophischen Produktion beendet. Adorno enthält sich hier zwar jeder Äußerung zu ästhetischen bzw. musikalischen Problemen, aber seine Ausführungen zur Philosophie können ohne weiteres auch auf die Musik bezogen werden. Denn die Aufgabe des deutenden Philosophen, die disparaten Momente der vorgefundenen Wirklichkeit, ohne über sie hinauszugehen, so zu gruppieren, daß mit der richtigen Konfiguration die Frage selbst verschwindet, gilt ebenso für den Komponisten. Über dessen Tätigkeit heißt es noch in der *Philosophie der neuen Musik: Der Stand der Technik präsentiert sich in jedem Takt, den er zu denken wagt, als Problem: mit jedem Takt verlangt die Technik als ganze von ihm, daß er ihr gerecht werde und die allein richtige Antwort gebe... Was er tut, liegt im unendlich Kleinen. Es erfüllt sich in der Vollstreckung dessen, was seine Musik objektiv von ihm verlangt. Aber zu solchem Gehorsam bedarf der Komponist allen Ungehorsams, aller Selbständigkeit und Spontaneität.*[117] Die Tätigkeit des Philosophen und die des Komponisten sind ihrer Struktur nach identisch, vielleicht mit dem Unterschied, daß die völlige Einheit von Theorie und Praxis wohl nur in der Musik herstellbar ist: die Antwort auf ein Problem ist immer ein Stück Musik, etwas Daseiendes, in dem das Problem verschwunden ist. Solche Einheit von Theorie und Praxis ist in der Gesellschaft kaum vorstellbar; da Adorno gleichwohl an seinem an der musikalischen Erfahrung orientierten Praxisbegriff festhalten wird, muß er schließlich dazu gelangen, um der wahren Praxis willen Praxis überhaupt abzulehnen.

Die Tätigkeiten des Philosophen und des Komponisten sind also gleichrangig. Damit ist der Übergang von künstlerischer zu theoretischer Arbeit, den schon Berg ihm nahegelegt hatte[118], möglich geworden, ohne daß er ständig unter dem lähmenden Vorbehalt, seine eigentliche Bestimmung verfehlt zu haben, zu leiden hätte. Im übrigen muß Adorno der Überzeugung gewesen sein, den eigenen, in der Antrittsvorlesung entwickelten Forderungen bereits weitgehend gerecht geworden zu sein, und zwar mit der Habilitationsschrift *Kierkegaard. Konstruktion des Ästhetischen.* Zu dieser Arbeit verhält sich die Antrittsvorlesung wie die «Erkenntniskritische Vorrede» zu den materialen Kapiteln von Benjamins Buch über das barocke Trauerspiel. Schon der Titel der Untersuchung mußte als gezielte Provokation wirken, denn zur Leitfigur der philosophischen Diskussion während der zwanziger Jahre war Kierkegaard ja gerade als Kritiker des Ästhetischen geworden, das er als Inbegriff des unverbindlichen, uneigentlichen, der Entscheidung ausweichenden Daseins interpretierte. Die Entdeckung des dänischen Philosophen geschah in einer Welt, deren alte Ordnungen in der europäischen Katastrophe untergegangen waren, und die daran verzweifelte, auf der Grundlage der Vernunft sich über eine neue Orientierung zu verständigen. Carl Schmitts haßerfüllte Angriffe auf das liberale Bürgertum, das er, im Anschluß an den spanischen Philosophen Donoso Cortés, als entscheidungsunfähige «clasa discutidora»[119] verhöhnt, seine Verherrlichung des Ausnahmezustands, in dem er den eigentlichen Begriff des Politischen sieht, sind eines Sinnes mit Heideggers Abwertung des «Geredes» zugunsten der existentiellen, im archaischen Sein gründenden

Carl Schmitt

«Entscheidung». Ihnen allen dient Kierkegaard zum Vorbild, dessen Theologie auf die Forderung an das Subjekt hinausläuft, die Außenwelt – das «Ästhetische» im weitesten Sinne – als nichtig zu durchschauen, sich auf die eigene Innerlichkeit zu besinnen und in ihr den «Sprung» in die Transzendenz zu vollziehen.

Adorno geht es zunächst um den Nachweis, daß der existentielle Akt der Entscheidung schon bei Kierkegaard selbst abstrakt und inhaltsleer ist. *Weder ist ihm die Dingwelt subjekt-eigen noch subjekt-unabhängig. Vielmehr: sie fällt fort. Dem Subjekt bietet sie bloßen ‹Anlaß› zur Tat, bloßen Widerstand für den Akt des Glaubens. In sich selbst bleibt sie zufällig und ganz unbestimmt.* Deshalb bleibt auch der Übergang aus der Sphäre des unverbindlich Ästhetischen in die vermeintliche Konkretheit des Ethischen abstrakt, ein bloßes *Wählen des Wählens*, das in Wirklichkeit keinen Inhalt hat. Als geschworener Feind Hegels sieht Kierkegaard in dessen geschichtsphilosophischer Konstruktion eines vernünftigen Subjekt-Objekt nichts als ein verhängnisvolles Sichverlieren des Subjekts in einer gleisnerischen, in Wahrheit aber substanzlosen Welt. Adornos These ist nun, daß Kierkegaard, gerade weil er die Illusion hegt, er könne sich eines abgegrenzten Bezirks reiner Subjektivität diesseits aller Geschichte versichern, der geschichtlichen Entwicklung verfällt. Aus dieser Verstrickung aber gibt es keinen Ausweg mehr, weil ein Denken, das sich diesseits der Geschichte wähnt, seiner Befangenheit nicht einmal mehr gewahr werden kann. Kierkegaard – darauf will Adorno hinaus – hat nicht den Weg aus der Geschichte heraus gefunden, er hat sich vielmehr gerade zum Vollstrecker dessen gemacht, wogegen er sich wandte: in der reinen Subjektivität ist die geschichtlich hervorgebrachte *Entfremdung von Subjekt und Objekt*[120] vollendet.

Wo aber seine Philosophie im Namen von Existenz den Stand objektloser Innerlichkeit und mythischer Beschwörung als substantielle Wirklichkeit versteht, verfällt sie dem Schein, den sie in der Tiefe der Versenkung verleugnet. Schein, der in der Ferne der Bilder dem Denken als Gestirn der Versöhnung strahlt: im Abgrund der Innerlichkeit brennt er als verzehrendes Feuer. Hier wäre er aufzusuchen und zu benennen, soll dort der Erkenntnis seine Hoffnung nicht verloren sein.[121] Damit ist die Aufgabe, die Adorno sich mit seiner Studie gestellt hat, umrissen. Es geht in ihr um den Schein, und zwar in einem doppelten Sinn: der falsche Schein abstrakter Innerlichkeit soll aufgelöst, der ästhetische, von Kierkegaard bekämpfte Schein dagegen gerettet – *konstruiert* – werden. Zu diesem Zweck hält sich Adorno an die *Wörtlichkeit der Mitteilung*, auch und gerade dort, wo Kierkegaard meint, uneigentlich, in Metaphern zu reden: *Im Fuchsbau der unendlich reflektierten Innerlichkeit ihn zu stellen gibt es kein Mittel, als ihn bei den Worten zu nehmen, die, als Fallen geplant, endlich ihn selber umschließen. Die... Worte... zeigen Gehalte an, die selbst die tiefste Absicht des dialektischen Verfahrens noch lieber verstecken als offenbaren möchte.*[122] Kierkegaards Metaphern wörtlich zu nehmen, aus dem uneigentlich Gesagten den eigentlichen, sich selbst verborgenen Gehalt seiner Philosophie zu erschließen, das bedeutet, das Ästhetische zum Medium von Erkenntnis zu machen, ohne Rücksicht auf die Grenzlinien, die Kierkegaard selbst zwischen den «Sphären» des Ethischen und des Ästhetischen zieht. Für ihn ist das Ästhetische das Gegenteil von Erkenntnis, ein Zustand schlechter Unmittelbarkeit, der durch die «Entscheidung» für das Ethische überwunden werden muß.

Adornos Interesse gilt daher nicht Kierkegaards Äußerungen zur Kunst oder seinem Begriff des Ästhetischen, sondern jenen Momenten, die von ihm selbst als überflüssig, ohne Bedeutung für den Reflexionszusammenhang angesehen wurden. Darauf verweist der Untertitel der Un-

Sören Kierkegaard

tersuchung, *Konstruktion des Ästhetischen.* In Übereinstimmung mit Benjamins «Erkenntniskritischer Vorrede» geht es darum, jene Momente der philosophischen Texte zu *konstruieren*, die *irreduzibel* sind auf deren offizielle Intentionen – bei Kierkegaard auf die reine, geschichtslose Innerlichkeit –, und zwar so, daß in der Figur, die sie miteinander bilden, jene Inhalte wieder hervortreten, die der Verdrängung durch die Reflexion verfallen waren.

Um zunächst den falschen Schein einer reinen, von Geschichte unberührten Subjektivität aufzulösen, setzt Adorno bei dem Begriff des «Reflexionsspiegels» an, den Kierkegaards «Verführer» an einer Stelle gebraucht: «Ob ihr nun Ruhe halten wollt!? Was habt ihr den ganzen Morgen lang getrieben? An meiner Markise gezerrt, an meinem Reflexionsspiegel gerüttelt, mit dem Glockenzug vom dritten Stock gespielt... kurz durch allerlei Allotria euch bemerklich gemacht!» Adorno vermutet, daß Kierkegaard mit diesem Requisit keine besondere Absicht verfolgt habe. *Aber mit ihm ist ein Bild gesetzt, in welchem gegen Kierkegaards Willen Soziales und Geschichtliches sich niederschlug.*[123] Durch den Reflexionsspiegel, typisches Zubehör der Mietwohnungen des 19. Jahrhunderts, entstehe das in sich abgeschlossene *Interieur*, jenes

Ernst Bloch

Gehäuse, das die private Existenz des Bürgers umschließt und ihm die öffentlichen Dinge nur noch als Schein, der in sein Leben nicht wirklich eingreift, vorführt. Diesen Entfremdungsprozeß von Privatem und Öffentlichem, von Subjekt und Objekt vollzieht, so Adornos These, Kierkegaards Philosophie nach: *Das Interieur ist die leibhafte imago von Kierkegaards philosophischem «Punkt»: alles wirkliche Außen hat sich zum Punkt zusammengezogen. Die gleiche Raumlosigkeit läßt sich an der Struktur seiner Philosophie erkennen.*[124] Kierkegaards objektlose Innerlichkeit ist nicht reine, ursprüngliche Subjektivität, sondern selbst das Produkt eines weit fortgeschrittenen, aus der geschichtlichen Entwicklung hervorgegangenen Entfremdungsprozesses.

Die *Konstruktion* der ästhetischen, dem diskursiven Gehalt scheinbar nichts hinzufügenden Momente kann also kritisch gegen den Text gewendet werden und läßt dann dessen ideologische Implikationen hervortreten; sie ist aber auch geeignet, im Text verborgene utopische Gehalte, die der Autor sich selbst verbieten mußte, sichtbar werden zu lassen. Das ist nicht der Schein, der im *Abgrund der Innerlichkeit* als *verzehrendes Feuer* verheerend wirkt und das Subjekt schließlich zum Opfer seiner selbst treibt, sondern ein *Schein, der in der Ferne der Bilder dem Denken als Gestirn der Versöhnung strahlt.* Denn das *Reich des Ästhetischen*, heißt es gegen Ende der Studie, *empfängt seine Struktur aus den Bildern, die dem Wunsch erscheinen, nicht aber von ihm erzeugt sind, da er doch aus ihnen selbst hervortritt... Es ist nicht ewig, sondern historisch-dialektisch; es liegt nicht in klarer Transzendenz, über der Natur, sondern geht dunkel auf in ihr; es ist nicht scheinlose Wahrheit, sondern verspricht widersinnig die unerreichbare in der Opposition ihres Scheins; es eröffnet sich nicht dem Eros, sondern erstrahlt im Zerfall.*

Es ist vor allem die Frage nach dem Verhältnis der ästhetischen Utopie zur Wirklichkeit und zur geschichtlichen Praxis, die durch diese Sätze aufgeworfen wird. Die Auskunft, die Adorno in dieser Hinsicht erteilt, ist zwiespältig. Einerseits sollen die Bilder, die durch die Konstruktion des Ästhetischen aufscheinen, nicht bloße Wunschträume sein, sondern den Wunsch erst hervorbringen; das Ästhetische soll also nicht Ersatz für ausgebliebene Erfüllung, sondern die eigentlich treibende und gestaltende Kraft der Utopie sein. *Historisch-dialektisch* wären diese Bilder und Wünsche freilich nur dann zu nennen, wenn die historische Konstellation, die sie hervorgebracht hat, zugleich die Gewähr oder zumindest die Möglichkeit böte, daß sie sich auch in der Geschichte verwirklichten. Die ästhetischen Bilder wären dann der Ort, an dem objektive geschichtliche Konstellationen und subjektive Strebungen sich miteinander vermittelten: an der Zeit wäre dann eine «Ästhetik des Vor-Scheins» (im Blochschen Sinne), die jene Momente «konstruierte», in denen ein noch nicht bestehender, aber in der Geschichte realisierbarer Zustand sichtbar wird. In diesem Sinne schreibt Adorno, unüberhörbar in den Tonfall Blochs verfallend: *Nach Wahrheit geht die Fahrt aller ästhetischen Gestalt und in ihrem Horizont verschwindet sie.* Andererseits aber ist der Begriff der Wahrheit bei Adorno zweideutig, durchaus nicht immer auf die Einlösung in der Geschichte hin angelegt. Nicht selten finden sich Aussagen, die vermuten lassen, daß Adorno Wahrheit im emphatischen Sinne geradezu an die Bedingung der Unerfüllbarkeit knüpft: wenn er etwa bemerkt, das Reich des Ästhetischen sei nicht *scheinlose Wahrheit*, sondern verspreche *widersinnig die unerreichbare in der Opposition ihres Scheins.*[126]

Dieser Eindruck bestätigt sich angesichts der *Modelle*, zu denen Adorno den *ausgeschiedenen Bodensatz des Ästhetischen*[127] konstruiert. (Der bereits in der Antrittsvorlesung eingeführte Begriff des *Modells* soll der Tatsache Rechnung tragen, daß Wahrheit nur in *Konstellationen* erscheint, im Gegensatz zu dem von Adorno zeitlebens gemiedenen «Beispiel», das beliebig bleibt in Beziehung auf eine von ihm unabhängige, ihm äußerlich bleibende Wahrheit.) Das Konstruktionsprinzip dieser *Modelle* ist stets das gleiche: es wird Partei ergriffen zugunsten der Spur von Hoffnung, die in Kierkegaards Exkursen und Metaphern aufscheint, aber sogleich von ihm wieder zurückgenommen wird. In der Geschichte vom kleinen Ludwig, der nach Maren, dem Zimmermädchen, ruft, aber dann, als die kommt, «Nicht die Maren, eine andere Maren!»[128] haben will, wird, wie bei den anderen von Adorno angeführten *Modellen*, Partei ergriffen für ein Denken, das die Allmacht des Realitätsprinzips nicht anerkennt und sich nicht zur existentiellen «Entscheidung» (und damit zum Verzicht auf die volle Erfüllung des ursprünglichen Wunschs) nötigen läßt. Das Eintreten für das *Nichtidentische* (wie der spätere Begriff lauten wird) ist das zentrale Motiv von Adornos Philosophie geblieben.

Aber auch darin erweist sich die Einheit von Adornos Denken, daß die Spannung zwischen dem Bewußtsein der Unerfüllbarkeit der tiefsten Wünsche und der gleichwohl festgehaltenen Hoffnung auf Erfüllung bereits die Arbeit des Siebenundzwanzigjährigen prägt; *versprochen wird sie* – die Hoffnung – *als unerreichbare*, heißt es hier. *Denn der wahre Wunsch der Schwermut ist genährt von der Idee opferloser ewiger Seligkeit*.[129] Solche Sätze lassen erkennen, daß Adorno als Utopie eigentlich nur gelten lassen kann, was hinter den Verheißungen der Religion nicht zurückbleibt. Seine Philosophie müßte daher von Hoffnungslosigkeit geschlagen sein, wenn es nicht auch bei ihm eine Instanz gäbe, die die Erfüllbarkeit noch des maßlosesten Wunsches verbürgte: die Kunst. So weit geht bei Adorno das Vertrauen in die Kunst, daß für ihn die *Augenblicke der Phantasie* nicht nur *die Feiertage der Geschichte* sind, sondern Phantasie wird sogar zum *Organon bruchlosen Übergangs von Mythisch-Historischem in Versöhnung*[130], also zu einer nicht nur Hoffnung, sondern unmittelbar das Heil spendenden Institution. Die Schwäche dieser Argumentation zeigt sich besonders kraß gegen Ende des Buches, wenn die im ästhetischen Bild konstruierten utopischen Elemente immer häufiger und immer nachdrücklicher, als sei durch ständige Wiederholung die Bodenlosigkeit des Gedankens vergessen zu machen, zum Unterpfand von Erfüllung und Erlösung werden: *Die Unvorstellbarkeit von Verzweiflung durch Phantasie ist deren Bürgschaft für Hoffnung*; ein von Kierkegaard entworfenes extremes Bild von *Armut und Verlassenheit* ziehe *dialektisch selber Trost und Versöhnung herbei... Denn der Schritt aus Trauer in Trost ist nicht der größte sondern der kleinste*.[131] Wenn aber das bloße Vorzeigen von Bildern bereits *Bürgschaft* des Heils sein soll, dann sind ursprünglich religiöse Inhalte nicht durch Kunst säkularisiert, sondern Kunst ist in Religion verwandelt worden. Damit ist aber auch Adornos Absicht, durch *Konstruktion des Ästhetischen* den «Sprung» in die Transzendenz als verfehlt und überflüssig erscheinen zu lassen, im wesentlichen nicht überzeugend verwirklicht.

Nach Erlangung der venia legendi zu Beginn des Jahres 1931 bleiben dem jungen Privatdozenten nur vier Semester der Lehre an der Frank-

Adorno und seine Frau Gretel. Foto aus dem Jahre 1964

furter Universität. Seine Seminare haben, wie zu Beginn einer akademischen Karriere üblich, die bisher erarbeiteten Gegenstände zum Inhalt, also etwa «Probleme der Kunstphilosophie» (über Benjamins Trauerspiel-Buch), «Kierkegaard» und «Erkenntnistheoretische Übungen (Husserl)». Die Ankündigung eines Seminars über die Geschichtsphilosophie Hegels, des Philosophen der Vermittlung, mit dem Benjamin nichts anzufangen wußte, kann als erstes Anzeichen der beginnenden Distanzierung Adornos von seinem Mentor verstanden werden.

Meine Arbeit an der Universität hörte schon im Frühjahr 1933 auf; die venia legendi verlor ich im Herbst... an meinem 30. Geburtstag.[132]
Adorno verbringt das Jahr der Machtergreifung Hitlers überwiegend in Berlin bei Gretel Karplus, seiner späteren Frau. Er schreibt ein Singspiel nach Mark Twain, *Der Schatz des Indianer-Joe*, dessen Komposition jedoch nicht zu Ende geführt wird, und wendet sich kompositionstechnischen Fragen, insbesondere des Kontrapunkts zu. Daneben bemüht er

sich intensiv, *erster Musikkritiker* bei der «Vossischen Zeitung» zu werden, *was möglich gewesen wäre, ohne dem Redaktionsstab anzugehören – unter Umgehung des Pressegesetzes*[133]; diese Hoffnung wird zunichte, als die Zeitung im Frühjahr 1934 ihr Erscheinen einstellt. Erst jetzt beginnt Adorno – selbst privaten Musikunterricht durfte er nur an «Nichtarier» erteilen –, sich auf Emigration einzustellen; er übersiedelt nach London, dann nach Oxford, kehrt aber immer wieder zu längeren Aufenthalten nach Deutschland zurück.

Obwohl Adorno nach der Machtergreifung *um jeden Preis in Deutschland zu bleiben*[134] versucht, geht aus den Musikkritiken, die er nach dem 30. Januar 1933 veröffentlicht, zweifelsfrei hervor, daß er zwar bereit ist, sich bei der Beurteilung des offiziellen Musiklebens so weit wie möglich zurückzuhalten, nicht jedoch um des Verbleibens in Deutschland willen wirklich «jeden Preis», das Opfer der moralischen und intellektuellen Integrität eingeschlossen, zu bezahlen. Adorno entwickelt die Taktik, in seinen Artikeln einige Begriffe aus dem offiziellen politischen Vokabular so zu verwenden, daß bei oberflächlicher Lektüre der Eindruck entstehen könnte, er habe sich den Machthabern angepaßt; so ist in einer im Mai 1933 veröffentlichten Kritik von der *Gewalt der Ereignisse* die Rede, vom *Primat der Politik* und vom *Ernst dessen, was heute in Deutschland geschieht.* Das sind Begriffe, die unmittelbar der offiziellen Propaganda entnommen zu sein scheinen. Ein ganz anderes Bild ergibt sich jedoch, wenn man sie im Zusammenhang der Sätze liest, in die Adorno sie montiert hat. *Es ist gemeinhin nicht üblich, an dieser Stelle von Operetten zu berichten,* heißt es einleitend aus Anlaß einer Aufführung von Kálmáns «Die Herzogin von Chikago». *Mag jedoch in einem Augenblick, in dem Opern- und Konzertwesen in einer so tiefgreifenden Umorganisation sich finden, daß jedes «kritische» Wort vorlaut wäre vor der Gewalt der Ereignisse und dem Primat der Politik, eine Ausnahme verstattet sein.* Gegen Ende: ...*das Ganze gewürzt durch einen Serenissimus-Humor, der vor dem Ernst dessen, was heute in Deutschland geschieht, anders als zynisch nicht genannt werden kann.*[135] Durch den Zusammenhang, in den sie getreten sind, haben die fragwürdigen Begriffe nur noch den bloßen Wortlaut mit den propagandistischen Vokabeln gemeinsam, ihr Sinn hat sich ins Gegenteil verkehrt: sie verkörpern nicht nur die auftrumpfende Brutalität der neuen Machthaber, sondern lassen bereits die zerstörerischen Konsequenzen ahnen, die deren Herrschaft zeitigen wird.

Adornos Vorliebe für diese Taktik hängt zweifellos mit seiner ästhetischen Grundüberzeugung zusammen, daß es zwar im Kunstwerk nichts gebe, was nicht ursprünglich aus der außerästhetischen Realität stammte, daß aber auch kein Element der Wirklichkeit, nachdem es einmal zum Moment innerhalb des ästhetischen Verweisungszusammenhangs geworden ist, *unverwandelt*, in seiner empirischen Bedeutung befangen bleibe.[136] Mit dieser ästhetischen Komponente ist aber auch die Möglichkeit des Mißlingens gegeben, dann nämlich, wenn die «Verwandlung» des von Adorno aufgegriffenen Materials nicht gelingt. Das ist der Fall bei der Besprechung von Herbert Müntzels Zyklus für Männerchor «Die Fahne der Verfolgten», nach einem Gedichtband von Baldur von Schirach. Die Rezension, im Wintersemester 1962/63 von der Frankfurter Studentenzeitung «Diskus» der Vergessenheit entrissen, bewog Hannah Arendt zu dem Vorwurf, Adorno habe versucht, sich selbst «gleichzuschalten», um sich bei den Machthabern anzubiedern.[137] Tatsächlich heißt es in dem Artikel in einem Atemzug, der Zyklus sei *bewußt nationalsozialistisch markiert* und es zeige sich in ihm ein *ungewöhnlicher Gestaltungswille*; zu allem Unglück stellt Adorno dann auch noch fest, es werde *dem Bild einer neuen Romantik nachgefragt; vielleicht von der Art, die Goebbels als ‹romantischen Realismus› bestimmt hat*[138]. Möglicherweise hat Adorno hier seine Technik des verwandelnden Zitats überstrapaziert, sich selbst «gleichgeschaltet» hat er nicht. Denn die auf diese einleitenden Bemerkungen folgende musikalische Analyse ist in ihren Ergebnissen so eindeutig, daß die Berufung auf den Goebbelsschen Begriff für den verständigen Leser als bloße Floskel, ohne jede Beziehung auf die vorhergehende Argumentation, und damit als Tarnung erkennbar wird.

Die Maxime von Karl Kraus: «Satiren, die der Zensor verstehe, werden mit Recht verboten», wird von Adorno vermittels einer Technik realisiert, die unverkennbar der Musik entlehnt ist: die propagandistischen Vokabeln bilden eine Oberflächenstruktur, deren leicht faßlicher, den Eindruck von ideologischer Zuverlässigleit erzeugender Sinn indessen durch die argumentative, gleichsam motivisch gearbeitete Tiefenstruktur dementiert wird. Da das verdinglichte, in Konventionen und Vorurteilen befangene Bewußtsein des potentiellen Zensors unfähig ist, einen wirklichen Sinnzusammenhang zu konstruieren, und sich statt dessen an die immer wiederkehrenden, unveränderlichen Stereotypen klammert, ist die Gefahr gering, daß er der Tiefenstruktur und damit der eigentlichen Bedeutung des Textes habhaft wird; im Vertrauen hierauf kann dem Goebbels-Zitat eine Bemerkung folgen, die Müntzels Verfahrensweise kritisch eingrenzt. *Es ist selbstverständlich, daß im Hintergrund von Müntzels Bemühen die tödliche Auseinandersetzung zwischen dem Drang, verständlich und «unmittelbar» zu werden und den Anforderungen an rein innerkompositorische Legitimität steht.*[139] Das bedeutet im Klartext: Müntzel hat zwar, wie Schönberg, bei der spätromantischen Harmonik angesetzt (er ist also nicht, wie Adorno ihm ausdrücklich bestätigt, hinter den Entwicklungsstand des musikalischen Materials, von dem auch Schönberg ausging, regrediert), aber um Verständlichkeit und vermeintlicher Unmittelbarkeit willen schreitet er nicht zur «Emanzipation des Dissonanz» (Schönberg) fort, sondern er geht einen Kompromiß ein, durch den er in Widerspruch zur ästhetischen (und das heißt zugleich: zur geschichtlichen) Legitimität gerät. Adorno läßt keine Zweifel daran, wie sich nach seiner Einschätzung dieser Kompromiß auf das Schaffen des Komponisten auswirken wird: *tödlich*. Das ist ein indirekt formuliertes, in der Sache jedoch eindeutiges Bekenntnis zu Schönberg und seiner Schule.

Ein Moment des Spielerischen, der Freude an der eigenen intellektuellen Überlegenheit ist bei diesem Verfahren unverkennbar; es hängt zusammen mit Adornos relativ lange durchgehaltener Weigerung, die vorübergehend zur Macht gelangten entfesselten Kleinbürger politisch ernst zu nehmen. «In einer Unterhaltung entwickelte er die Theorie, daß die ‹Reinigung des deutschen Volkskörpers› sich in Aufräumungsaktionen totlaufen werde: nach der ‹Entrümpelung› der Dachböden käme vermutlich eine Propagandaaktion gegen die Ratten und dann die Parole ‹Kampf dem Rost›.»[140] Noch Anfang Juli 1934 plant Adorno, der inzwischen nach London ausgewichen ist, für den Herbst einen längeren Aufenthalt in Frankfurt.

Sicherer und früher als sein bewußtes politisches Urteil scheint indessen Adornos ästhetisches Sensorium reagiert zu haben. Schon im Sommer 1932 findet sich in einer Kritik ein völlig neuer Ton; Adorno wendet sich hier nachdrücklich gegen die Frankfurter Oper, die es für angezeigt hält, das «Goethe-Jahr» mit einer Aufführung der «Margarethe» *des unseligen Gounod* zu begehen: *Denn mit Goethes Namen hat diese Oper nichts zu tun, als daß sie ihn schändet.* Nicht die Schärfe der Polemik ist neu, wohl aber ist es die schneidende Feststellung, welche die Kritik beschließt: *Das Publikum fühlte sich in seinem Element.*[141] Während der zurückliegenden zehn Jahre konnte Adorno gegen Werke, die seinen ästhetischen Grundsätzen zuwiderliefen, und gegen Komponisten zu schroffen, ja rücksichtslosen Formulierungen greifen; eine Brüskierung des Publikums aber fand sich nie. Die scheinbar unvermittelte, verachtungsvolle Wendung gegen das Publikum wirkt daher, als breche hier plötzlich das von Adorno ansonsten noch sorgfältig verdrängte Bewußtsein von der Desolatheit der Situation durch: der Ausverkauf des bürgerlichen Humanitätsideals, die «Schändung» von Goethes Namen (die die Stadt Frankfurt ein halbes Jahrhundert später wiederholte, indem sie den Goethe-Preis an Ernst Jünger verlieh), ruft bei ihm offenbar eine Ahnung hervor, daß gegen das heraufziehende Unheil die Kultur keinen wirksamen Schutz bietet.

Dieser Eindruck wird bestätigt durch die letzte Kritik, die Adorno im März 1934 in Deutschland veröffentlicht. Anläßlich einer Aufführung des «Rienzi» wird der *Ursprung Wagners in der Fanfare als des... Indifferenzpunktes von Klang und Theater* stark hervorgehoben, offenbar in der Absicht, auf die Ästhetisierung anzuspielen, wie sie in der Ersetzung der Öffentlichkeit durch die gigantischen Aufmärsche anläßlich der

Reichsparteitage zum Ausdruck kommt. Was Adorno von diesen bombastischen Schaustellungen hält, aber auch von einem Publikum, das sich auch hier offenbar in seinem *Element* fühlt, wird wiederum nicht direkt ausgesprochen. *Die Bühnenbilder dürften sich unbedenklicher dem Ruinen-Charakter hingeben. Dröhnender Beifall.*[142] Im Schlußsatz der letzten Kritik, die Adorno in Deutschland veröffentlicht, herrscht nur noch Hoffnungslosigkeit angesichts der nicht mehr aufzuhaltenden Katastrophe und eines Volkes, das dem eigenen Untergang Applaus spendet: zehn Jahre später, bei der Sportpalast-Rede von Goebbels im zerbombten Berlin, ist die Szene in der Oper von der Realität eingeholt: mit dröhnendem Jubel begrüßt das Publikum den «totalen Krieg». Die *Möglichkeit der Revolution* sehe er *für das nächste Jahr als größer an als seit 15 Jahren*, schreibt Adorno etwa zu der Zeit, da sein «Rienzi»-Artikel erscheint; *ich habe das Gefühl, als ob wir bald in Deutschland zu tun hätten*[143]. Die Diskrepanz zwischen dem ästhetisch vermittelten und dem bewußten politischen Urteil könnte nicht deutlicher sein als zwischen diesen beiden Äußerungen aus dem Jahre 1934.

Adolf Hitler 1936 in der Frankfurter Festhalle

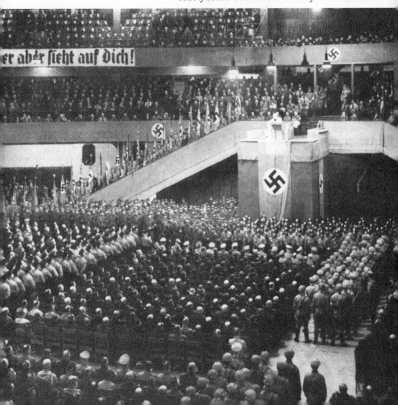

Kritik der Unmittelbarkeit

Während sich Horkheimer schon lange vor der Machtergreifung auf Emigration einstellt und diskret seine Vorbereitungen trifft – in Genf wird eine Zweigstelle des Instituts eröffnet, das Institutsvermögen wird in die Niederlande transferiert –, kann Adorno sich nur zu dem jeweils unumgänglichen, kleinstmöglichen Schritt entschließen. Er versucht zunächst, sich nach Wien umzuhabilitieren, erst nach dem Scheitern dieses Plans wendet er sich nach England, wo er am Merton College in Oxford zu seiner Enttäuschung keine Anstellung als Hochschullehrer findet, sondern nur als «advanced student» aufgenommen wird. Den Gedanken, daß er nun ein «Emigrant» sei, würde er wohl noch immer von sich weisen: ...*ich lebe nun hier, in einer unbeschreiblichen Ruhe und unter sehr angenehmen äußeren Arbeitsbedingungen; sachlich freilich sind Schwierigkeiten, da meine eigentlichen philosophischen Dinge den Engländern begreiflich zu machen zu den Unmöglichkeiten zählt und ich meine Arbeit gewissermaßen auf ein Kinderniveau zurückschrauben muß, um verständlich zu bleiben – ... (beiläufig gesagt, ich hätte in Deutschland materiell durchaus aushalten können und auch keinen politischen Anstand gehabt; nur wäre mir jede Wirkungsmöglichkeit abgeschnitten gewesen, auch die, aufgeführt zu werden, und deshalb bin ich gegangen; meine Ferien bin ich zuhause oder im Süden).*[144]
Nach wie vor weigert sich Adorno, in der Emigration etwas anderes zu sehen als einen nicht ganz freiwilligen, dafür aber idyllischen Studienaufenthalt im Ausland, von wo man jederzeit wieder nach Hause zurückkehren kann. Die Untersuchung, die zur Erlangung des Ph. D. im Sommer 1934 unter dem Arbeitstitel *Die phänomenologischen Antinomien. Prolegomena zur dialektischen Erkenntnislehre* in Angriff genommen wird, wird von Adorno als eine eher lästige Pflichtübung dargestellt, nach deren Abschluß er hofft, *für das frei zu sein, was ich für mein Zentrum halte*[145]. Dieses *Zentrum* ist nach wie vor seine Tätigkeit als Komponist. Daher ist er von überschäumender Freude und Dankbarkeit erfüllt, als Ernst Křenek ihm im März 1935 eröffnet, daß in Wien die Aufführung zweier Lieder bevorstehe; *es gibt noch ein zweites Liederheft von mir*[146], versichert er seinem Förderer.
Ganz im Gegensatz aber zu der betont lässigen Art, mit der Adorno

Ernst Křenek

von seiner philosophischen Arbeit in Oxford spricht, entsteht aus der erneuten Beschäftigung mit Husserl das eigentliche *Zentrum* seiner Philosophie. Das Manuskript, an dem er von 1934 bis zum Herbst 1937 arbeitet, wird zunächst nicht abgeschlossen; einige Kapitel werden in den nächsten Jahren einzeln veröffentlicht. Die Tatsache jedoch, daß Adorno die Arbeit in den fünfziger Jahren wieder vornimmt, sie erweitert und ihr eine neue, von ihm selbst als programmatisch bezeichnete *Einleitung* voranstellt[147], läßt erkennen, daß er die in Oxford formulierten Einsichten nach wie vor als verbindlich erachtet.

Im Begriff der *Antinomie* ist bereits die Methode angedeutet, nach der Husserls Philosophie kritisiert werden soll. Die Phänomenologie soll nicht «von außen» widerlegt werden, von einem weltanschaulichen Standpunkt oder durch eine von vornherein festgelegt Methode; ihre Intentionen und Verfahrensweisen sollen vielmehr so getreu dargestellt werden, daß die Widersprüche, in die sie sich schließlich verwickelt, als die notwendigen Konsequenzen ihres eigenen Ansatzes erscheinen. Dieses Prinzip der «immanenten Kritik», das Adorno als verbindlich für die philosophische Reflexion ansieht, verhält sich, zum einen, kritisch gegen den Objektivismus der Methode als einer *Verfahrensweise des Geistes, die sich überall und zuverlässig anwenden läßt, weil sie der Beziehung auf die Sache, den Gegenstand der Erkenntnis sich entäußerte*; die Methode mißt die Wirklichkeit an feststehenden, vorgegebenen Begriffen und ist insofern auf *rein logische Identität*[148] hin angelegt: sie ist blind gegenüber allem, was in dieser Identität nicht aufgeht, sie reduziert Erkenntnis auf die Tautologie. Immanente Kritik dagegen dringt so weit ins Innere des jeweiligen Gegenstandes, bis dieser seine verborgenen Widersprüche gleichsam von selbst offenbart.

Hierin besteht, zum andern, die Affinität von immanenter Kritik und Dialektik; diese ist *das unbeirrte Bemühen, kritisches Bewußtsein der Vernunft von sich selbst mit der kritischen Erfahrung der Gegenstände zusammenzuzwingen*[149]. Diese in *Aspekte der Hegelschen Philosophie* (1957) gegebene Bestimmung von Dialektik weist zurück auf die Konstellation, in der Adorno zum erstenmal versucht, eine *dialektische Erkenntnislehre* (so der Arbeitstitel der Husserl-Studien) zu entwickeln: die dialektische Konfrontation von Idealismus und Phänomenologie. Indem diese ihrer Intention nach gegenläufigen Reflexionsweisen aufeinander bezogen werden, kritisieren sie sich gegenseitig, sie lassen aber auch ihren jeweiligen Wahrheitsgehalt hervortreten. *Der Idealismus ist nicht einfach die Unwahrheit. Er ist die Wahrheit in ihrer Unwahrheit.* Danach hat der Idealismus seine Wahrheit gerade in seiner scheinbar verstiegensten und historisch überholten Gestalt, dem Hegelschen Begriff des Geistes. *Erst der Idealismus hat die Wirklichkeit, in der die Menschen leben, als eine nicht von ihnen unabhängige und invariante durchsichtig werden lassen. Ihre Gestalt ist menschlich und noch die schlechterdings außermenschliche Natur vermittelt durch Bewußtsein. Das können die Menschen nicht durchstoßen: sie leben im gesellschaftlichen Sein,*

Das Merton College in Oxford

nicht in Natur. Ideologie aber ist der Idealismus, indem er die Wirklichkeit schlechtweg vermenschlicht[150]; eben dies aber geschieht, wenn er aus der Vermitteltheit alles Daseienden durch die Reflexion die Absolutheit des Geistes und seines Herrschaftsanspruchs ableitet. In der Kritik jenes Absolutheitanspruchs des Geistes, durch den das Subjekt gleichsam in sich selbst, im Innenraum der Reflexion, festgesetzt wird, besteht daher die Wahrheit der Phänomenologie Husserls. *Der Versuch indiziert, daß das fortgeschrittene bürgerliche Selbstbewußtsein bei dem Fetischismus der abgezogenen Begriffe nicht länger sich bescheiden kann, in dem die Warenwelt für ihren Betrachter sich reflektiert. Es müßte die Sache selbst ergreifen.*[151]

Scheitern mußte dieser Versuch, weil Husserl dennoch in idealistischem Denken befangen bleibt: entgegen seiner prinzipiellen Forderung, das in der Anschauung Erscheinende «einfach hinzunehmen... als was es sich gibt», konfrontiert er es mit der Forderung, es habe, um als wirklich anerkannt zu werden, «vernünftig ausweisbar»[152] zu sein. Damit aber ist die Phänomenologie in eben jene Bewußtseinsimmanenz zurückgefallen, der sie zu entrinnen trachtete. – Aber auch die Kritik der Phänomenologie bleibt in diesem Zirkel befangen, solange wenigstens, als sie immanent verfährt; daher muß selbst das Prinzip der immanenten Kritik in die Dialektik einbezogen werden. *Der Begriff der Immanenz setzt der immanenten Kritik die Schranke... Daß... nicht alles Sein Bewußtsein sei, ist nicht als Denknotwendigkeit in der Analyse des Seinsbegriffs beschlossen, sondern gebietet der Geschlossenheit einer solchen Analyse Einhalt. Das Nichtdenken denken: das ist keine bruchlose Denkkonsequenz, sondern suspendiert den denkerischen Totalitätsanspruch.*[153] Mit der Formel *das Nichtdenken denken* ist Adornos erkenntnistheoretisches Ideal bezeichnet, der Versuch, aus der Immanenz der begrifflichen Reflexion auszubrechen, nicht durch Regression in einen vorrationalen Urzustand, sondern durch die kritische Reflexion hindurch; in diesem Sinne wird es in der *Negativen Dialektik* heißen, die Utopie von Erkenntnis sei, mit Begriffen das Nichtbegriffliche zu erkennen.[154]

Hier ist auch der Grund für die steile Karriere, die der Begriff des *Nichtidentischen* in Adornos späterer Philosophie macht. Die Schwierigkeit, ihn inhaltlich zu bestimmen, geht darauf zurück, daß es sich eigentlich um einen Anti-Begriff handelt. Kein Begriff kann des Nichtidentischen habhaft werden, wohl aber können mehrere Begriffe, die in eine bestimmte Konfiguration treten, es erscheinen lassen. Das *Nichtidentische* steht für alle die Inhalte, durch die wahre Erkenntnis über ein ausschließlich den Gesetzen der formalen Logik gehorchendes Denken hinausgeht. Philosophie wird bei Adorno zwar nicht schlechthin ästhetisch, aber es ist auch nicht denkbar, daß sie ohne die Kunst auskommen könnte. Je stärker die Wirklichkeit dem rationalen Kalkül unterworfen wird, desto mehr bedarf die Philosophie der Kunst, weil allein hier die

Adorno, um 1935

auf formale Identität hin angelegten Gesetze der Logik noch nicht zu ausschließlicher Herrschaft gelangt sind.

Die starke Akzentuierung des Motivs *das Nichtdenken denken* in der Einleitung des Husserl-Buchs ist kennzeichnend für die Wendung, die Adornos Denken seit der *Dialektik der Aufklärung* nehmen wird. In den in Oxford entstandenen Teilen dieser Arbeit steht dagegen noch das andere Leitmotiv seiner Philosophie im Vordergrund: die Kritik an falscher Unmittelbarkeit, an Ontologie und jeder Form von Ursprungsdenken. Schon der intensive Umgang mit Musik dürfte Adorno immun gemacht haben gegen alle Tendenzen, den Ursprung zu verherrlichen; die musikalische Formensprache, die ihn ausschließlich interessiert, reicht kaum mehr als anderthalb Jahrhunderte in die Vergangenheit zurück. Die Philosophie Hegels, mit der er sich während der dreißiger Jahre intensiv auseinandersetzt, verhilft ihm dazu, die ästhetische Erfahrung theoretisch zu durchdringen.

In der Tat findet sich bereits in der Hegelschen Logik die Argumentation, die Adorno bei seiner Kritik der Ontologie wie der Phänomenologie aufgreifen wird. Hegel betont, «daß das, womit der Anfang zu machen ist, nicht ein Konkretes, nicht ein solches seyn kann, das eine Beziehung innerhalb seiner selbst enthält. Denn ein solches setzt ein Vermitteln und Herübergehen von einem Ersten zu einem Anderen innerhalb seiner voraus, wovon das einfachgewordene Konkrete das Resultat wäre. Aber der Anfang soll nicht selbst schon ein Erstes u n d ein Anderes seyn; ein solches das ein Erstes u n d ein Anderes in sich ist, enthält bereits ein Fortgegangenseyn. Was den Anfang macht, der Anfang selbst, ist daher als ein Nichtanalysirbares, in seiner einfachen unerfüllten Unmittelbarkeit, also als Seyn als das ganz Leere zu nehmen.»[155] Das Konkrete ist Resultat, es ist niemals ein unmittelbar Erstes; versucht die Reflexion, hinter dieses Konkrete zurückzugreifen zur absoluten Unmittelbarkeit des Anfangs, so löst sie sich selbst auf: das reine Sein, nach dem sie fragt, in der Absicht, in ihm den Anfang zu finden, ist entweder doch nicht ganz rein – dann ist es kein Erstes mehr –, oder es ist so abstrakt und inhaltslos, daß es mit dem Nichts zusammenfällt. Aber nicht nur die Abstraktheit und Leere des Seinsbegriffs wird in Hegels Logik kritisiert, es findet sich dort auch bereits eine vorweggenommene Kritik des phänomenologischen Ansatzes: «Wenn man etwa, gegen die Betrachtung des abstrakten Anfangs ungeduldig, sagen wollte, es solle nicht mit dem Anfange angefangen werden, sondern geradezu mit der S a c h e , so ist diese Sache nichts als jenes leere Seyn; denn was die Sache sey, dieß ist es, was sich eben erst im Verlaufe der Wissenschaft» – damit ist bei Hegel stets die Philosophie gemeint – «ergeben soll, was nicht vor ihr als bekannt vorausgesetzt werden kann.»[156] Gegen den Idealismus ist die Phänomenologie im Recht durch den Impuls, die Immanenz des Bewußtseins zu durchbrechen um der Erfahrung der Sache selbst willen; trotzdem gilt Hegels Argument weiter, daß die Sache erfahren immer schon heißt, sie ins Bewußtsein hineingenommen zu haben; die «Sache selbst», im strikten Sinne verstanden als ganz außerhalb des Bewußtseins verbleibend, fiele daher mit dem Nichts genauso zusammen wie das reine Sein.

Dieser Widerstreit zwischen Idealismus und Phänomenologie, der nicht einfach zugunsten der einen oder der anderen Seite entschieden werden kann, ist nur dialektisch zu lösen. Der Gedanke, der sich um eines abschließenden Ergebnisses willen auf einen sich selbst genügenden «Standpunkt» einschwören ließe, wäre dogmatisch, er erstarrte in der sterilen Konfrontation entgegengesetzter Positionen. Dialektik dagegen ist auf «Vermittlung» angelegt, nicht in dem Sinne, daß ein Mittelweg oder Kompromiß zwischen den Gegensätzen gefunden würde, sondern durch ihre wechselseitige «bestimmte Negation» hindurch, wie Hegels Begriff für jenen Prozeß lautet, den Benjamin im Trauerspiel-Buch «Konstruktion der Extreme» nennt. Dialektik ist also von dem Impuls zur Kritik nicht zu trennen; Kritik ist nicht eine Art zweiter Schritt, der sich an die einzelne Erkenntnis nach Belieben anschließen kann oder auch nicht, sie ist vielmehr die Voraussetzung von Erkenntnis selbst. Daher ist immer dann, wenn die Reflexion aus der dialektischen Bewegung heraustritt, zu vermuten, daß der Gedanke nicht einfach verkehrt, sondern im strengen Sinne ideologisch geworden ist, zur Bekräftigung eines falschen Scheins.

Im Kampf gegen die Begriffsfetische, heißt es über Husserls Denken, *ist es fetischistisch ganz und gar, weil die «Sachen selbst», auf die es stößt, immer wieder bloße Deckbilder von Bewußtseinsfunktionen, «geronnene Arbeit», sind.*[157] Die grundsätzliche Kritik jeder prima philosophia, nicht nur der Phänomenologie, wird von Adorno dadurch ideologiekritisch gewendet, daß er Hegel und Marx miteinander vermittelt, die «Wissenschaft der Logik» mit dem Kapitel über den «Fetischcharakter der Ware». Von *Begriffsfetischen* spricht Adorno, weil hinter ihrer Festigkeit und scheinbaren Beständigkeit der Prozeß ihrer Entstehung aus gesellschaftlicher Arbeit verschwindet. Er überträgt damit einen Vergleich, den Marx zur Charakterisierung der Warenform gezogen hatte, auf den Erkenntnisprozeß insgesamt. Wie im «Kapital» ausgeführt, verhält es sich mit der Warenform wie mit den Fetischen, die die Primitiven als Gottheiten, als objektive Gegebenheiten anbeten, obwohl es sich lediglich um Phantasmagorien, also um «Produkte des menschlichen Kopfes» handelt. Die Warenform der Arbeitsprodukte hat zwar mit deren physischer Beschaffenheit «absolut nichts zu schaffen», allein für die Menschen stellt sie sich so dar, als sei sie ein unablösbarer Bestandteil der von ihnen produzierten Dinge. «Das Geheimnisvolle der Warenform besteht also einfach darin, daß sie den Menschen die gesellschaftlichen Charaktere ihrer eignen Arbeit als gegenständliche Charaktere der Arbeitsprodukte selbst, als gesellschaftliche Natureigenschaften dieser Dinge zurückspiegelt... Es ist nur das bestimmte gesellschaftliche Verhältnis der Menschen selbst, welches hier für sie phantasmagorische Form von Dingen annimmt.»[158] Diese Verdinglichung gesellschaftlicher Verhältnisse, in der das Wesen der Ware besteht, kommt durch den Vor-

Walter Benjamin

gang der Tauschabstraktion zustande; die qualitativ verschiedenen, aus unterschiedlichsten Arbeitsprozessen hervorgegangenen Produkte müssen, damit sie auf dem Markt getauscht werden können, auf einen gemeinsamen Nenner gebracht, also entqualifiziert werden. Gemeinsam ist den verschiedenartigen Produkten aber nur das Allerabstrakteste, ihre Eigenschaft, «Verausgabung menschlicher Arbeitskraft, abstrakt menschlicher Arbeitskraft» zu sein. Indem die Menschen «ihre verschiedenartigen Produkte einander im Austausch als Werte gleichsetzen, setzen sie ihre verschiedenen Arbeiten einander als menschliche Arbeit gleich. Sie wissen das nicht, aber sie tun es. Es steht daher dem Werte nicht auf der Stirn geschrieben, was er ist. Der Wert verwandelt vielmehr jedes Arbeitsprodukt in eine gesellschaftliche Hieroglyphe.»[159]

Wenn Adorno noch in der Studie über Kierkegaard die Vorstellung Benjamins von der Wahrheit als einer verderbten *Schrift*, als einer *Chiffre*[160] übernommen hatte, so ist er nun überzeugt, mit dem Begriff der Tauschabstraktion den Schlüssel zum Verständnis des von der Gesellschaft gewobenen Textes in Händen zu haben. Gesellschaftliche Hieroglyphen zu entziffern, das bedeutet also im wesentlichen, Fetische, die sich im Bewußtsein gebildet haben, zu erkennen und aufzulösen, in der falschen Dinglichkeit die gesellschaftlichen Prozesse wieder sichtbar werden zu lassen. Hierzu bedarf es des dialektischen Denkens, da allein die Einheit von Erkenntnis und Kritik, die das Wesen der Dialektik ausmacht, die Reflexion davor bewahrt, sich bei dem Schein eines Unableitbaren, Unmittelbaren zu beruhigen; das unterscheidet die Kritik des verdinglichten Bewußtseins von konservativer Kulturkritik, die die Werte, deren Zerfall sie beklagt, als der Geschichte enthobene Größen voraussetzt.

Solche an Hegel und Marx geschulte Kritik führt Adorno zum erstenmal in dem Aufsatz *Über Jazz* (1936) aus, der ersten größeren Arbeit, die im Exil entsteht. Zur Kritik steht hier das *Jazz-Subjekt*, nicht als empirische Person, sondern als Sozialcharakter, der glaubt, im Jazz ein Reservat von Freiheit, Subjektivität und Spontaneität gefunden zu haben. Seine These: *Der Jazz ist Ware im strikten Sinn*, versucht Adorno durch den Nachweis zu belegen, daß die vermeintliche Unmittelbarkeit des Jazz selbst sorgsam geplant und durch eine begrenzte Zahl stereotyper Verstöße gegen den üblichen musikalischen Verlauf inszeniert wird, wobei die *Absatzfähigkeit* des Produkts auf dem Markt oberstes Gebot ist. *Die Züge am Jazz indessen, in denen Unmittelbarkeit sich zu behaupten scheint, jene angeblich improvisatorischen nämlich, als deren Elementarform die Synkope genannt wird, sind dem genormten Warencharakter, selbst wiederum genormt, in blanker Auswendigkeit hinzugefügt, um ihn zu maskieren, ohne doch Macht über ihn zu gewinnen für eine Sekunde.*[161] Zur Ware wird der Jazz gerade durch jene Momente, mit denen er beansprucht, das Tauschprinzip im Namen von Subjektivität und Individualität zu durchbrechen.

Auch bei der Kritik, die während der dreißiger Jahre Adorno an seinem Mentor Benjamin immer nachdrücklicher übt, geht es im wesentlichen um die dialektische Auflösung des falschen Scheins von Unmittelbarkeit, insbesondere im Hinblick auf das Verhältnis von theoretischem Gedanken und politischer Praxis.

Benjamins Wendung zum Kommunismus bzw. zum historischen Materialismus war alles andere als eindeutig oder gar orthodox. «Immer radikal, niemals konsequent in den wichtigsten Dingen zu verfahren»[162] ist das Motto, unter dem er im Jahre 1926 erste Überlegungen anstellt, der Kommunistischen Partei beizutreten, zu einer Zeit, da deren neuer Vorsitzender Ernst Thälmann, Dogmatiker und Lakai Moskaus, darangeht, die KPD bedingungslos auf den sowjetischen Kurs festzulegen. Die «denkbar stärkste Propaganda einer materialistischen Anschauungsweise», schreibt Benjamin noch fünf Jahre später, habe ihn «nicht in Gestalt kommunistischer Broschüren, sondern in der der ‹repräsentativen›

Werke erreicht, die in... der Literaturgeschichte... auf bürgerlicher Seite in den letzten zwanzig Jahren ans Licht traten... – und um mich früh und deutlich gegen die abscheuliche Öde dieses... Betriebs abzugrenzen, hat es nicht marxistischer Gedankengänge bedurft – die ich vielmehr erst sehr spät kennengelernt habe – sondern das danke ich der metaphysischen Grundrichtung meiner Forschung»[163]. In der Tat sind Materialismus und die im Trauerspiel-Buch vorgetragene Metaphysik der «Rettung» des Unscheinbaren und Sinnlosen nicht unvereinbar, und die «Einbahnstraße» beweist, daß die neue Orientierung Benjamins, die allerdings mit der Parteidoktrin kaum in Übereinstimmung zu bringen wäre, die Eigenart seiner Produktion zunächst eher fördert. Das ändert sich seit den frühen dreißiger Jahren, als Benjamin sich verpflichtet fühlt, seinen Arbeiten zumindest den Anschein marxistischer Orthodoxie zu geben; nach dem Verlust fast aller Publikationsmöglichkeiten war ihm allein die knappe monatliche Unterstützung von seiten des Instituts für Sozialforschung und die Möglichkeit, in dessen «Zeitschrift» zu publizieren, geblieben. Zu dieser Zeit ist Benjamin, der in Horkheimer noch immer einen eingeschworenen Marxisten sieht, davon überzeugt, es sich nicht länger leisten zu können, die metaphysischen Impulse seines Denkens einzugestehen. Vor diesem Hintergrund sind die theoretischen Auseinandersetzungen mit Adorno zu sehen. Während Benjamin die Einwände Gerhard Scholems, der schon früh die «Fremdheit und Beziehungslosigkeit» zwischen seinem «wirklichen» und dem «vorgegebenen Denkverfahren»[164] feststellt, glaubt übergehen zu können, muß er die Ausstellungen Adornos ernst nehmen, weil er in ihm die Instanz sieht, die maßgeblichen Einfluß auf die Annahme seiner Arbeiten durch die Zeitschrift hat.

Auf Anregung des Instituts schreibt Benjamin 1935 unter dem Titel «Paris die Hauptstadt des neunzehnten Jahrhunderts» ein Exposé seines seit langem geplanten Werkes über die Pariser Passagen, in dem in einer Reihe von «dialektischen Bildern» die die Moderne prägenden geschichtlichen Bewegungen zum Einstand gebracht werden sollen; sein Ziel ist es, mit der Arbeit sowohl die «philosophische Verwertung des Surrealismus» als auch seine «Aufhebung»[165] zu betreiben.

Wie Benjamin sich die materialistische Aufhebung des Surrealismus denkt, geht aus einem Wort von Michelet hervor, das er seiner Arbeit als Motto voranstellt: «Chaque époque rêve la suivante.»[166] Damit hält er einerseits an der surrealistischen Einschätzung des Traums als einer die konventionelle Wahrnehmung revolutionierenden Erkenntnisweise fest, andererseits dürfte ihm die Parallelität dieses Satzes zu einer zentralen Aussage Marxens nicht entgangen sein: «Aber die kapitalistische Produktion erzeugt mit der Notwendigkeit eines Naturprozesses ihre eigne Negation»[167], die klassenlose Gesellschaft. Der Marxismus wäre, das mochte Benjamin vorgeschwebt haben, die materialistische «Aufhebung» des Surrealismus, ohne daß dessen Errungenschaften preisgegeben werden müßten.

Wie nicht anders zu erwarten, setzt Adorno in seinem Brief vom 2. August 1935 (geschrieben in Hornberg im Schwarzwald, er verbrachte seine Ferien noch immer in Deutschland) bei dem Motto an. In Übereinstimmung mit seinen jüngsten erkenntnistheoretischen Studien kritisiert er, neben der allzu optimistischen Annahme einer zwangsläufig sich verwirklichenden Utopie, vor allem die Tatsache, daß Benjamin das «dialektische Bild» als einen – wenn auch kollektiven – Bewußtseinsinhalt konzipiere; wenn das dialektische Bild als Traum ins Bewußtsein verlegt werde, so werde damit das Bewußtsein als eine unmittelbare, unableitbare Gegebenheit gesetzt, und von einer materialistischen Aufhebung des Surrealismus könne dann nicht mehr die Rede sein. Der *Fetischcharakter der Ware*, so lautet Adornos zentraler Einwand, *ist keine Tatsache des Bewußtseins, sondern dialektisch in dem eminenten Sinne, daß er Bewußtsein produziert.* Er verkenne nicht, heißt es weiter, *die Relevanz der Bewußtseinsimmanenz fürs neunzehnte Jahrhundert. Aber nicht aus ihr kann der Begriff des dialektischen Bildes gewonnen werden; sondern Bewußtseinsimmanenz selber ist, als «Interieur», das dialektische Bild fürs neunzehnte Jahrhundert als Entfremdung; darin muß ich den Einsatz des zweiten Kierkegaardkapitels auch beim neuen jeu stehen lassen. Nicht also wäre danach das dialektische Bild als Traum ins Bewußtsein zu verlegen, sondern durch die dialektische Konstruktion wäre der Traum zu entäußern und die Bewußtseinsimmanenz selber als eine Konstellation des Wirklichen zu verstehen.*[168]

So sauer Benjamin der allzu selbstgefällige Verweis des Jüngeren auf ein Buch, das in völliger Abhängigkeit von ihm entstanden war, geworden sein mag, so dürfte er ihn doch in der Haltung bestärkt haben, die er in seinem Brief an Scholem, wenige Tage später, kundgibt: «Ja, ich habe mehr denn je Grund, mich den Anregungen des Instituts gegenüber gefügig zu zeigen.»[169] Trotzdem kann man aus den Demutsgesten Benjamins gegenüber dem Institut nicht unbedingt auf Zensur schließen. Zwar legt in den dreißiger Jahren Adorno nicht nur Benjamin, sondern auch seinen anderen Mentoren gegenüber ein von gespreizter Selbstgefälligkeit und penetranter Besserwisserei geprägtes Verhalten an den Tag – Bloch verbittet sich die Ungezogenheiten des Jüngeren[170], Kracauer erkennt ein für die «Zeitschrift» bestimmtes Manuskript nicht mehr wieder, nachdem Adorno darin herumgepfuscht hat, und zieht es völlig entnervt zurück[171] –, aber trotz allem wäre es dem vom Schüler zum Schulmeister Gewordenen nicht in den Sinn gekommen, in der Kontroverse etwas anderes als eine rein intellektuelle Auseinandersetzung zu sehen. Es kommt hinzu, daß Adorno – angesichts von Benjamins krampfhaft marxistischem Gehabe auch durchaus zu Recht – sich als *Anwalt* der *eigenen Intentionen*[172] des älteren Freundes fühlt.

Siegfried Kracauer

In dem Aufsatz «Das Kunstwerk im Zeitalter seiner technischen Reproduzierbarkeit» treibt Benjamin indessen den Prozeß weiter, der den Freunden Scholem und Adorno als «Selbstverleugnung» erscheinen muß. Denn es kann kein Zweifel sein, daß die Aura des Kunstwerks, die von den modernen Reproduktionstechniken zerstört wird, von Benjamin nicht leichten Herzens preisgegeben wird. «Was ist eigentlich Aura? Ein sonderbares Gespinst von Raum und Zeit», hatte er bereits fünf Jahre zuvor, in einem Aufsatz über die Geschichte der Photographie (1931), geschrieben; «einmalige Erscheinung einer Ferne, so nah sie sein mag. An einem Sommermittag ruhend einem Gebirgszug am Horizont oder einem Zweig folgen, der seinen Schatten auf den Betrachter wirft, bis der Augenblick oder die Stunde Teil an ihrer Erscheinung hat – das heißt die Aura dieser Berge, dieses Zweiges atmen.»[173] Die Aura, das läßt die Definition, die fast wörtlich in den «Kunstwerk»-Aufsatz übernommen wird, erkennen, bezeichnet die eigentliche Utopie Benjamins. Nähe und Ferne verschmelzen in ihr zur Einheit in der atmenden Wahrnehmung des ruhenden Betrachters. Dieser eignet sich die Dinge nicht dadurch an, daß er ihr «intentionsloses Sein»[174] in seine Gewalt bringt. Trotzdem ist er mit ihnen aufs innigste verbunden: durch den Atem. Die Aura der Dinge atmen,

85

das heißt, den Vollzug des eigenen Lebens in eins setzen mit der unein-
geschränkten Erfahrung der Dinge, ohne ihnen die Freiheit zu nehmen.

Auch auf den Zerfall der Aura war Benjamin bereits in dem Aufsatz
über die Geschichte der Photographie eingegangen, ohne daß zweifelhaft hätte sein können, wie er diesen Vorgang bewertete: «Nun ist, die
Dinge sich, vielmehr den Massen ‹näherzubringen›, eine genau so leidenschaftliche Neigung der Heutigen, wie die Überwindung des Einmaligen in jeder Lage durch deren Reproduzierung... Die Entschälung des
Gegenstands aus seiner Hülle, die Zertrümmerung der Aura ist die Si-
gnatur einer Wahrnehmung, deren Sinn für alles Gleichartige auf der
Welt so gewachsen ist, daß sie es mittels der Reproduktion auch dem
Einmaligen abgewinnt.»[175] Diese Passage wird wörtlich in den «Kunst-
werk»-Aufsatz übernommen, allein die Wendung «leidenschaftliche
Neigung der Heutigen» wird durch «leidenschaftliches Anliegen der gegenwärtigen Massen»[176] ersetzt, um die verächtliche, im Tonfall der
George-Schule vorgetragene Kritik der regressiven Entsublimierung
umzuwandeln in die Andeutung, es handle sich um einen revolutionären
Prozeß, der von den proletarischen Massen planvoll betrieben werde.
Die Tatsache, daß Benjamin eine Anzahl von Denkmotiven aus früheren Arbeiten in den «Kunstwerk»-Aufsatz übernimmt, läßt erkennen,
daß es ihm weniger um eine gänzlich neue Ästhetik als vielmehr um eine
veränderte Bewertung seiner früheren Einsichten geht. «Nicht Schein,
nicht Hülle für ein anderes ist die Schönheit», hatte er in dem großen
Essay über Goethes «Wahlverwandtschaften» geschrieben. «Denn weder die Hülle noch der verhüllte Gegenstand ist das Schöne, sondern
dies ist der Gegenstand in seiner Hülle. Enthüllt aber würde er unendlich unscheinbar sich erweisen... Die Kunstkritik hat nicht die Hülle zu
heben, vielmehr durch deren genaueste Erkenntnis als Hülle erst zur
wahren Anschauung des Schönen sich zu erheben.»[177] Nichts spricht dafür, daß Benjamin dieser Überzeugung abgeschworen hat, als er 1935/36
die «Kunstwerk»-Arbeit schreibt, in der er gleichwohl die «Entschälung
des Gegenstandes aus seiner Hülle, die Zertrümmerung der Aura» nicht
nur konstatiert, sondern sogar dafür eintritt, sie konsequent zu Ende
zu führen. Nur aus diesem Widerspruch ist auf die eigentliche Intention
des Aufsatzes zu schließen. Offensichtlich geht es Benjamin nicht in
erster Linie um eine kunsttheoretische Arbeit – als solche wird Adorno
sie mißverstehen –, eher wohl um eine Kampfschrift, die direkt in die
politische Auseinandersetzung eingreifen soll: vor der unbedingten Notwendigkeit, die historische Katastrophe, den weltweiten Sieg des
Faschismus in letzter Stunde zu verhindern, muß die Forderung nach
theoretischer Stringenz der Argumentation zurücktreten.

In der aktuellen Situation kommt alles darauf an, das politische Potential der Kunst zu mobilisieren gegen die Ästhetisierung der Politik,
die der Faschismus in großem Stil zur Stabilisierung seiner Herrschaft

betreibt. Benjamin setzt an bei dem Sprachgebrauch der Machthaber, die sich mit Vorliebe einer «Anzahl überkommener Begriffe – wie Schöpfertum und Genialität, Ewigkeitswert und Geheimnis» – bedienen, «Begriffe, deren unkontrollierte... Anwendung zur Verarbeitung des Tatsachenmaterials in faschistischem Sinn führt.»[178] Es ist der Appell an die Kraft des Irrationalen, die ständige Aufforderung, sich dem Unabänderlichen zu unterwerfen, die diese Begriffe so geeignet machen, die faschistische Herrschaft zu festigen; aus sich selbst heraus ist diese keiner rationalen Begründung fähig, da unter ihr die Menschen aus sich heraus ihren eigenen Interessen entgegen handeln. Es geschieht also in Konsequenz des Versuchs, Begriffe einzuführen, die «für die Zwecke des Faschismus vollkommen unbrauchbar sind», daß Benjamin sich entschließt, auch den Begriff der Aura, der ihm eigentlich unendlich viel bedeutet, preiszugeben. Denn die «Einzigkeit des Kunstwerks», die seine Aura hervorbringt, ist «identisch mit seinem Eingebettetsein in den Zusammenhang der Tradition», letzten Endes also mit der Funktion, die dem Werk innerhalb des religiösen Kults zukam. Das ist der Grund, der Benjamin veranlaßt, die Tendenz zur beliebigen Reproduktion des Kunstwerks positiv zu bewerten, obwohl, nein: weil sie zum Zerfall der Aura führt: «...die technische Reproduzierbarkeit des Kunstwerks emanzipiert dieses zum ersten Mal in der Weltgeschichte von seinem parasitären Dasein am Ritual.» Solange zum Begriff des Kunstwerks «Einzigkeit» gehörte, solange blieb es seinem Ursprung im Irrationalen verpflichtet und war damit für den politischen Kampf gegen den Fortbestand von Herrschaft nicht brauchbar. Das ändert sich erst im Zeitalter der technischen Reproduzierbarkeit der Kunst: «An die Stelle ihrer Fundierung aufs Ritual tritt ihre Fundierung auf eine andere Praxis: nämlich ihre Fundierung auf Politik.»[179] Das aus der Bindung an Tradition und Ritual gelöste Kunstwerk kann, im Sinne Brechts, «umfunktioniert» werden, das heißt, seine einzelnen Momente, die sich bisher scheinbar naturwüchsig zu einem organischen Ganzen zusammenschlossen, können bewußter Verfügung unterstellt und zu einer neuen Einheit, deren Inhalt nicht mehr auf irrationale Weise vorgegeben, sondern politisch determiniert ist, verbunden werden.

Diese neue Fundierung der Kunst versucht Benjamin durch die Gegenüberstellung von Malerei und Film zu konkretisieren. «Der vor dem Kunstwerk sich Sammelnde versenkt sich darein... Dagegen versenkt die zerstreute Masse ihrerseits das Kunstwerk in sich.» Während das auratische Werk den Betrachter isoliert und lähmt, werden die mit richtigem politischem Bewußtsein montierten Inhalte des Films von einem Kollektiv aufgenommen und durch solidarisches Handeln in die Tat umgesetzt. Das «Verhältnis der Masse zur Kunst» verändert sich: «Aus dem rückständigsten, z. B. einem Picasso gegenüber, schlägt es in das fortschrittlichste, z. B. angesichts eines Chaplin, um.»[180] – Benjamins Gedan-

Bertolt Brecht

kengänge, die sich allenfalls als verzweifelter Versuch rechtfertigen lassen, das eigentlich nicht einmal mehr Denkbare, solidarisches Handeln der Massen, in letzter Stunde doch noch zu denken, sind theoretisch nicht zu retten. «Die Apparatur, die die Leistung des Filmdarstellers vor das Publikum bringt, ist nicht gehalten, diese Leistung als Totalität zu respektieren. Sie nimmt unter Führung des Kameramannes laufend zu dieser Leistung Stellung... Das Publikum fühlt sich in den Darsteller nur ein, indem es sich in den Apparat einfühlt. Es übernimmt also dessen Haltung: es testet. Das ist keine Haltung, der Kultwerte ausgesetzt werden können.»[181] Um seines zentralen, der Poetik Brechts entlehnten Anliegens willen: daß es darauf ankomme, aus der Kunst das irrationale Erbe zu tilgen mittels einer Verfahrensweise, die der des Ingenieurs verwandt ist, setzt Benjamin die Technik des Films absolut, ohne zu berücksichtigen, daß sie nicht ein Wert an sich, sondern abhängig ist von der gesellschaftlichen Totalität, innerhalb derer sie Verwendung findet. Gerade vermittels der Kameraführung kann die unkritische Identifikation des Zuschauers mit dem dargestellten Wirklichkeitsausschnitt nachhaltiger befördert, seine Wahrnehmung entschiedener manipuliert werden als etwa im Theater, wo keine Technik die «Totalität» des Eindrucks zerstört und dem Zuschauer die Mühe abnimmt, selbst zu entscheiden, worauf er seine Aufmerksamkeit richten will.

Als Ziel mochte Benjamin vorgeschwebt haben, eine neue Form von Unmittelbarkeit zu konstruieren, um die drohende Gefahr abzuwenden, daß aufklärerische, durch differenzierte theoretische Arbeit gewonnene Inhalte nicht mehr vom Bewußtsein der Massen aufgenommen werden können. Das Subjekt, das die Aura eines Dinges «atmet», hat zwar an Unmittelbarkeit teil, aber nur auf Grund eines mystischen Erlebnisses, das weder rational zu planen noch einem Kollektiv zugänglich zu machen ist. Für die «filmische Darstellung der Realität» dagegen gilt, daß sie Unmittelbarkeit – «den apparatfreien Aspekt der Wirklichkeit» – nicht durch mystische Versenkung oder, wie im Theater, durch eine absichtlich herbeigeführte Illusion, sondern «gerade auf Grund ihrer intensivsten Durchdringung mit der Apparatur» gewährt. «Der apparatfreie Aspekt der Realität ist hier zu ihrem künstlichsten geworden und der Anblick der unmittelbaren Wirklichkeit zur blauen Blume im Land der Technik.»[182] Unmittelbarkeit wird zum Resultat eines Prozesses, der rationaler Planung und Kontrolle unterworfen ist; sie wird kollektiv erlebt; sie ist nicht esoterisch, sondern exoterisch, weil das technische Verfahren dem Publikum so vertraut ist, daß es dem Dargestellten gegenüber sich zugleich kritisch und entspannt verhalten kann, so daß «die begutachtende Haltung im Kino Aufmerksamkeit nicht einschließt. Das Publikum ist ein Examinator, doch ein zerstreuter.»[183]

Auf diese Weise versucht Benjamin, das schon von Schiller konstatierte, auf Grund der fortschreitenden Arbeitsteilung für die bürgerliche Epoche charakteristische Auseinandertreten von hoher und niederer, anspruchsvoller und bloß zerstreuender Kunst als eine Entwicklung darzustellen, die nicht unwiderruflich ist, die nicht mit unerbittlicher Konsequenz dazu führt, daß nur noch eine verschwindende Minderheit durch anspruchsvolle ästhetische Erfahrung kritisches Bewußtsein zu entwickeln vermag, während die Masse dem Stumpfsinn einer Unterhaltungsmaschinerie, die der Eintönigkeit der fragmentierten Arbeitsprozesse nachgebildet ist, überlassen bleibt. Als Hinweis darauf, daß durch die neue Technik Aufklärung und Unmittelbarkeit wieder eine Einheit bilden können, wertet Benjamin die Reaktionen des Publikums, das nicht der gespanntesten Aufmerksamkeit bedarf, um bei der Rezeption von Chaplin-Filmen an den richtigen Stellen zu lachen.

Tatsächlich jedoch besteht der feste Boden, den Benjamin für den politischen Kampf gegen den Faschismus gewonnen zu haben glaubt, allein aus zu Fetischen erstarrten Theoriestücken. «Es hängt mit der Technik des Films genau wie mit der des Sports zusammen, daß jeder den Leistungen, die sie ausstellen, als halber Fachmann beiwohnt. Man braucht nur einmal eine Gruppe von Zeitungsjungen, auf ihre Fahrräder gestützt, die Ergebnisse eines Radrennens diskutieren gehört zu haben...

Nicht umsonst veranstalten Zeitungsverleger Wettfahrten ihrer Zeitungsjungen. Diese erwecken großes Interesse unter den Teilnehmern. Denn der Sieger in diesen Veranstaltungen hat eine Chance, vom Zeitungsjungen zum Rennfahrer aufzusteigen.»[184] Im Bestreben, zwischen der Technik und dem Bewußtsein der Massen ein Verhältnis von Unmittelbarkeit zu konstruieren, macht Benjamin beide zum Fetisch: die Technik wird abstrahiert von den gesellschaftlichen Zusammenhängen, in denen sie Verwendung findet, und das Bewußtsein der Proletarier wird als ein Letztes genommen, ohne daß gefragt würde, ob nicht sein Inhalt vorab geprägt sei durch ein ideologisches Raster, das alle vermeintliche Spontaneität in den Dienst des bestehenden Systems stellt. Um des thema probandum willen muß sich Benjamin nun sogar die Einsicht verbieten, daß gerade die Hoffnung, vom Zeitungsjungen zum Rennfahrer aufzusteigen, es ist, die die Betroffenen um so enger an das bestehende System bindet.

Wie nicht anders zu erwarten ist Adornos Kritik darauf angelegt, diese Theoriefetische aufzulösen. Er hebt in seiner Kritik zum einen hervor, daß das autonome, in sich durchgebildete Kunstwerk, das Benjamin im Namen der Zertrümmerung der Aura glaubte preisgeben zu müssen, gerade durch *die äußerste Konsequenz in der Befolgung des technologischen Gesetzes* den *Stand der Freiheit, des bewußt Darstellbaren, zu Machenden* sichtbar werden lasse. Zum andern tritt er dafür ein, sich *jeden Appells an die Unmittelbarkeit eines wie immer gearteten Wirkungszusammenhangs und an das tatsächliche Bewußtsein der tatsächlichen Proletarier* zu enthalten, da diese *vor den Bürgern nichts aber auch gar nichts voraushaben außer dem Interesse an der Revolution, sonst aber alle Spuren der Verstümmelung des bürgerlichen Charakters tragen.* Wenn aber der Intellektuelle – und das ist natürlich der Preis, den Adorno für seine theoretische Überlegenheit zu bezahlen hat – die Hoffnung verabschieden muß, daß theoretische Erkenntnis und das Bewußtsein des Proletariats unmittelbar ineinandergreifen, wenn er sich damit zu begnügen hat, *erkennend und ohne Erkenntnisverbote*, also indirekt und vermittelt, *dem Proletariat die Solidarität* zu halten[185], dann ist der Gedanke der Einheit von Theorie und politischer Praxis endgültig verabschiedet und das Proletariat hat aufgehört – zumindest in den Überlegungen des Theoretikers – das mögliche Subjekt der Revolution und Träger des geschichtlichen Fortschritts zu sein.

Adornos Kritik muß für den in Paris in dürftigsten Verhältnissen lebenden Benjamin von dramatischer Bedeutung gewesen sein, da sie, wie sich alsbald herausstellt, sich in Übereinstimmung befindet mit der theoretischen Neuorientierung, die Horkheimer für die Arbeit des Instituts vornimmt. In dem Aufsatz «Traditionelle und kritische Theorie», der 1937 in der «Zeitschrift für Sozialforschung» erscheint, zieht Horkheimer die theoretischen Konsequenzen aus dem Versagen der Arbeiterbewegung angesichts des Faschismus, der um die Mitte der dreißiger Jahre bereits in dreizehn europäischen Staaten an der Macht ist. In Deutschland hatte die in sich zerstrittene Linke zunächst den Staatsstreich von Papens in Preußen (Juni 1932), dann die Machtergreifung durch Hitler widerstandslos hingenommen. «Fast unfaßbar war das Zusammenbrechen der Gewerkschaften. Nach dem Scheitern Schleichers haben sie nicht einmal den Versuch zu einem Generalstreik gemacht.»[186] Für Horkheimer mochte diese Entwicklung weniger überraschend gewesen sein, da eine Erhebung, die er in den Jahren 1930 und 1931 hatte durchführen lassen, zum Ergebnis hatte, daß nur von 15 Prozent der Mitglieder aus SPD und KPD aktiver Widerstand gegen eine faschistische Machtübernahme zu erwarten war.[187] Für Horkheimer war dieser Befund, der nicht veröffentlicht wurde, Anlaß, die gesellschaftstheoretische Fragestellung, an der die Mitglieder des Instituts ihre Arbeit zu orientieren hatten, zu modifizieren. Die Erforschung und Kritik der politischen Ökonomie trat von nun an zurück zugunsten der Frage nach dem gesellschaftlichen «Kitt», nach denjenigen Instanzen und Motiven, die die Menschen veranlassen, an einem System festzuhalten, das gegen ihre eigenen Interessen, letzten Endes gegen ihre physische Existenz gerichtet ist. Diese neue Fragestellung bedeutete eine Abkehr von der Marxschen Lehre schon insofern, als Marx, bei aller Kritik am kapitalistischen System, niemals in Frage gestellt hatte, daß alle am Wirtschaftsprozeß Beteiligten, Unternehmer wie Proletarier, ihr Handeln am eigenen Interesse ausrichten; insofern verhalten sie sich rational. Kritik der politischen Ökonomie im Sinne Marxens besteht daher in dem Nachweis, daß die Rationalität der bürgerlichen Gesellschaft ihrem eigenen Anspruch nicht genügt und aus diesem Grunde immer wieder, in unvermeidlichen Krisen, sich selbst in Frage stellt, bis schließlich das Vernunftpotential der Geschichte durch das Proletariat endgültig verwirklicht wird.

Dagegen ersetzt Horkheimer nun politische Ökonomie durch Sozialpsychologie, um eine Erklärung zu finden für die Irrationalität, die nicht nur das System als ganzes, sondern offenbar auch das Verhalten des Proletariats bestimmt. Die größte Bedeutung hierbei mißt er dem Phänomen der Autorität zu, dem daher auch die erste groß angelegte Untersuchung des Instituts gilt (1935). Unter dem Eindruck der Moskauer Terrorprozesse wird der Bruch mit dem orthodoxen Marxismus von Horkheimer nun auch offiziell vollzogen. In der Abhandlung «Traditionelle und kritische Theorie» stellt er fest, daß die «Situation des Proletariats... keine Garantie der richtigen Erkenntnis» mehr bedeute; die Vernunft in der Geschichte wird nicht mehr bei den Proletariern vermutet, sondern bei den «Subjekten des kritischen Verhaltens»[188] (Horkheimer meint natürlich sich selbst und seine Mitarbeiter), die nicht davor zurückschrecken dürfen, durch ihre Einsichten in Widerspruch zum Be-

Aus Stalins Schau-Prozessen, Moskau 1934

wußtsein des Proletariats zu geraten. In diesen Sätzen zeichnet sich bereits die spezifische Aporie der späten «Kritischen Theorie» ab (wie Horkheimer von nun an die Gesellschaftstheorie des Instituts nennt), ihre Subjektlosigkeit. Obwohl Horkheimer sehr nachdrücklich betont, der «Beruf» des Intellektuellen sei «der Kampf, zu dem sein Denken gehört, nicht das Denken als etwas Selbständiges, davon zu Trennendes»[189], ist nicht zu übersehen, daß Wahrheit und Vernunft nicht mehr im geschichtlichen Prozeß, sondern nur noch im Bewußtsein der Theoretiker vermutet werden. Wahrheit und Geschichte treten auseinander. In Adornos *Minima Moralia*, die noch während der Emigration in Amerika entstehen, ist das Subjekt der Wahrheit schon nicht einmal mehr die «kleine Gruppe», sondern der vereinzelte Intellektuelle, dessen unaufhebbare Einsamkeit zur Bedingung von Wahrheit wird.

In engem Zusammenhang mit dem Auseinandertreten von Wahrheit und Geschichte steht schließlich das zentrale Dogma der späteren Kritischen Theorie, die Lehre, daß über die Utopie ein «Bilderverbot» verhängt sei, vergleichbar dem Verbot des Alten Testaments, sich von Gott ein Bild zu machen. Auch dieses Motiv findet sich bereits in Horkheimers Abhandlung: «Das Ziel», das das kritische Denken «erreichen will, die Herbeiführung des vernünftigen Zustands, hat zwar seinen Grund in der Not der Gegenwart. Mit dem Dasein dieser Not ist jedoch das Bild ihrer Überwindung nicht schon gegeben.» Wenn, anders als im vorrevolutionären Frankreich, keine Klasse mehr auszumachen ist, die in der Lage wäre, durch einen revolutionären Akt zum Subjekt des geschichtlichen Fortschritts zu werden, dann muß die Utopie unbestimmt bleiben. Theorie muß sich darauf beschränken, das «Geheimnis»[190] der bestehenden Ordnung auszusprechen. «Bestimmte Negation» – der Hegelsche Begriff wird in der Folgezeit von Horkheimer und Adorno mit steigendem Nachdruck verwandt – wird zum wichtigsten, endlich zum einzigen Instrument einer Theorie, die alle in die Geschichte gesetzten Hoffnungen verabschiedet hat und die sich nun verzweifelt dagegen zur Wehr setzen muß, in ohnmächtige Kontemplation zurückzusinken.

Benjamin, von der Angst ergriffen, nun auch noch den letzten materiellen Rückhalt zu verlieren, beeilt sich, Horkheimer (den er noch immer für einen orthodoxen Marxisten gehalten hatte) darin zuzustimmen, daß «auf lange maßgeblich für...Wissenschaft und... Kunst kleine Gruppen sein werden. Es ist in der Tat nicht an der Zeit, das was wir... in Händen zu halten glauben, in Kiosken zur Schau zu stellen.»[191] Im Gegensatz zu ihm kann Adorno durch Horkheimers Abhandlung seine eigene Position bestätigt sehen. Hier bleibt es denn auch nicht bei der theoretischen Annäherung: Im Februar 1938 übersiedelt Adorno auf Einladung Horkheimers in die USA und wird nun auch offiziell Mitglied des Instituts. Die Abfuhr, die Adorno dem unter schwierigsten Bedingungen, um des geplanten Paris-Buchs willen, in Europa ausharrenden Lehrer und Freund auf dessen neues Manuskript, eine Arbeit über Baudelaire, erteilt, erfolgt schon von New York aus. Adornos völlige Unempfindlichkeit für Benjamins Situation erreicht ihren Höhepunkt, wenn er, natürlich wie immer ohne böse Absicht, eigens darauf verweist, daß er in allerhöchstem Auftrag schreibe: Horkheimer *hat mich, sozusagen als sponsor des Baudelaire, gebeten, Ihnen zu schreiben, seine Bitte stimmt mit meiner eigenen Absicht überein*[192].

Daß unter diesen Umständen Benjamin aus den Einwänden des New Yorker Prokuristen nur das taktvoll vermiedene Wort «Ablehnung» heraushört, ist unvermeidlich; trotzdem macht er sich daran, das Manuskript im Sinne von Adornos – in der Sache (es geht wieder um die fehlende Vermittlung) durchaus berechtigter – Kritik umzuarbeiten. Die neue Version ist Ende Juli 1939 fertig, das begeisterte Telegramm aus New York erreicht den Autor schon in Nièvre, wo er den Kriegsausbruch in einem Arbeitslager interniert erlebt. «Die völlige Ungewißheit über das, was der nächste Tag, was die nächste Stunde bringt, beherrscht seit vielen Wochen meine Existenz. Ich bin verurteilt, jede Zeitung... wie eine an mich ergangene Zustellung zu lesen und aus jeder Radiosendung die Stimme des Unglücksboten herauszuhören.»[193] Vielleicht konnte Benjamin mit dem Begriff der Vermittlung deshalb so wenig anfangen, weil die unmittelbare Gefährdung die sein Leben prägende Erfahrung war.

Ein Europäer in New York

Adornos Unempfindlichkeit für die Bedrängnis des älteren Freundes mag zu einem Teil ihre Erklärung darin finden, daß er, obzwar in Sicherheit, in seinem neuen Exil sich einer nicht endenden Serie von Schockerlebnissen ausgesetzt fühlt. *Innerhalb der Gesamtentwicklung der bürgerlichen Welt haben fraglos die Vereinigten Staaten ein Extrem erreicht*, formuliert er Jahre später, auf die Zeit des amerikanischen Exils zurückblickend. *Sie zeigen den Kapitalismus gleichsam in vollkommener Reinheit, ohne vorkapitalistische Restbestände.*[194] Auch hier sind es die fehlenden Vermittlungen, die ihn irritieren und in dauernder Spannung leben lassen. In den *Minima Moralia* ist eine Vielzahl scheinbar geringfügiger Erlebnisse und Eindrücke festgehalten, durch die der Neuankömmling die Eigenart des amerikanischen Systems am eigenen Leibe erfährt. In der nachlässigen Gewaltsamkeit, mit der Autotüren ins Schloß geworfen werden, ahnt er die Bereitschaft zur Brutalität im Umgang mit den Menschen; die Ersetzung der Türklinke durch einen drehbaren Knopf veranlasse den Besucher, die Tür achtlos hinter sich zufallen zu lassen, ohne sich umzuwenden und *das Hausinnere zu wahren*[195].

Der entwickelte, von wenigen Monopolen beherrschte Kapitalismus tendiert dazu, den Markt überflüssig werden zu lassen, jene Sphäre der Zirkulation, in der das bürgerliche Individuum das Bewußtsein oder zumindest die Illusion ausbilden konnte, dem System nicht unmittelbar unterworfen zu sein, sondern sich einen Bereich persönlicher Freiheit bewahren zu können. Mit dem Absterben der Zirkulationssphäre aber verschwinden auch jene vielfältigen Vermittlungen, die verhindern, daß das Leben auf den bloßen Vollzug reduziert wird; alle Kultur ist Vermittlung. Der Direktheit, die, als Forderung nach unmittelbarem Nutzen, das amerikanische Leben prägt, die Wissenschaften nicht ausgenommen, wo die stereotype Frage nach unmittelbarer, durch Fakten jederzeit zu belegende «evidence» dem spekulativen Gedanken keine Chance läßt, verweigert sich Adorno vom ersten Tag an. *Daß ich... mich als Europäer empfand, habe ich nie verleugnet... Die mir... vorgezeichnete Richtung war durchaus spekulativ... Ich empfand es als mir gemäß... Phänomene zu deuten, nicht Fakten zu ermitteln, zu ordnen, zu klassifizieren, gar als Information zur Verfügung zu stellen.*[196] Adorno läßt den «structural fit» vermissen, jene Eigenschaft, die Voraussetzung dafür ist, daß der Fremde in seiner neuen Umgebung überhaupt Fuß fassen kann, wie der österreichische Soziologe Paul F. Lazarsfeld, seit 1932 in den Vereinigten Staaten, bemerkt. «Sowohl die neue Umgebung als auch der Lebensstil des Immigranten sind in einer bestimmten Weise vorgeprägt. Die Elemente dieser Prägungen können einander ergänzen, und so verhielt es sich in meinem Fall.»[197]

Lazarsfeld, geboren 1901, ist Leiter des von der Rockefeller Foundation finanzierten Radio Research Project, bei dem Adorno, durch Vermittlung Horkheimers, eine Halbtagsstelle als wissenschaftlicher Mitarbeiter erhält; sein Lebenslauf läßt erkennen, wie jener structural fit, der Adorno so völlig abgeht, hätte beschaffen sein müssen.

Lazarsfeld hatte in Wien studiert; daß er zu dieser Zeit zum Marxismus neigte, läßt sich aus seinen Studien über die Situation der Arbeitslosen erkennen («Jugend und Beruf», «Die Arbeitslosen von Marienthal»). Trotzdem hätte es auch damals schon, wäre es in Wien zu einer Begegnung gekommen, zwischen Lazarsfeld und Adorno keine Gemeinsamkeiten gegeben. Wien war nicht nur das Zentrum der Neuen Musik, es war zugleich die Kapitale des Positivismus; Lazarsfeld stand dem «Wiener Kreis» nahe, den Adorno, als er bei Alban Berg studierte, kaum zur Kenntnis genommen haben dürfte.[198]

New York, in den dreißiger Jahren

*Das International Institute of Social Research
in New York City, 429 West 117th Street*

Nachdem das Pariser Büro der Rockefeller Foundation auf seine Marienthal-Studie aufmerksam geworden war, wird er 1932 zu einem Forschungsaufenthalt in die Vereinigten Staaten eingeladen, unter dem Eindruck der politischen Entwicklung in Europa beschließt er zwei Jahre später, in Amerika zu bleiben, noch bevor die Ereignisse ihn unmittelbar dazu gezwungen hätten; zu dieser Zeit kehrt Adorno noch regelmäßig nach Deutschland zurück. In der Emigration (falls er diesen Begriff überhaupt auf sich bezogen hätte) das *beschädigte Leben* schlechthin zu sehen, wie Adorno es tun wird, wäre Lazarsfeld niemals in den Sinn gekommen. Als er sich eines Tages dabei ertappt, beim Essen die Gabel in der rechten Hand zu halten, weiß er, wo er von nun an hingehört.[199] Entscheidend für seinen Erfolg als Wissenschaftler aber wird, daß er mit dem Grundsatz *science is measurement*, der Adorno in den USA zunächst scheitern läßt[200], nicht die geringsten Probleme hat. Charakteristisch in dieser Hinsicht ist ein von ihm selbst berichteter Vorfall. Im Alter von 24 Jahren, noch in Wien, hörte er einmal einen Funktionär der Sozialistischen Partei, der aus Fragebögen vorlas, die er an Arbeiter verteilt hatte. «Er zitierte einzelne Aussagen, um das Elend der Fabrikarbeiter zu illustrieren. Ich fragte ihn sofort, warum er diese Äußerungen nicht auszählte; dieser Gedanke überraschte ihn, und er gab die Fragebogen an mich weiter. Ich stellte eine statistische Analyse her.»[201] In demselben Jahr, 1925, wird Adorno, Schüler Alban Bergs, zutiefst beeindruckt von dessen «Wozzeck». Lazarsfeld hätte die Oper in einen Erhebungsbogen umgearbeitet.

Die gegensätzliche Mentalität der beiden Männer zu verdeutlichen, die später in Amerika aufeinandertreffen, bedeutet nicht, Lazarsfeld herabzusetzen; seine noble Haltung Adorno gegenüber ist unbezweifelbar, er beschwichtigt die ungeduldig gewordenen Sponsoren des Projekts auch dann noch, als sein schwieriger Untergebener ihn längst zur Verzweiflung gebracht hat. Lazarsfeld ist auch nicht mit dem Doktor zu

Paul F. Lazarsfeld

vergleichen, der Woyzeck mit zum Selbstzweck gewordenen medizinisch-statistischen Experimenten quält; hinter seinen Erhebungen bleibt stets sein soziales Engagement erkennbar. Der eigentliche Gegensatz, aus dem alle anderen Schwierigkeiten hervorgehen, besteht darin, daß für Lazarsfeld Gegenstand der Sozialwissenschaften die Erforschung und Quantifizierung subjektiver Bewußtseinsakte ist, während es für Adorno darum geht, Bewußtseinsinhalte nicht als Fakten hinzunehmen, sondern sie im Zusammenhang einer Theorie der Gesellschaft zu interpretieren (zu *deuten*). Dadurch gerät er bald in den Ruf, «unwissenschaftlich» vorzugehen, kein «social scientist», sondern allenfalls ein «social commentator»[202] zu sein. Ob darüber hinaus der Vorwurf zutrifft, Adorno sei nicht davor zurückgeschreckt, Interviews nicht nach einem zuvor festgelegten Fragenkatalog durchzuführen, sondern die Fragen erst nach dem Interview zu formulieren, mag dahingestellt bleiben; immerhin ist vorstellbar, daß seine nach amerikanischen Maßstäben gänzlich aus dem Rahmen fallende Überzeugung von der Aufgabe des Soziologen ein solches Gerücht leicht provoziert haben könnte. In jedem Falle aber muß seine Weigerung, bei der Ermittlung von Fakten stehenzubleiben, ihm den Vorwurf der «professional incompetence» zuziehen; denn wenn die *Deutung* der Fakten im Vordergrund stehen soll, dann wird – in der Tat – ihre Quantifizierung zu einem fast unlösbaren Problem. Das einzelne Faktum zu *deuten* heißt zwar, es in Beziehung zu einem Allgemeinen zu setzen, aber in einer Weise, daß es nicht als abstrakter Fall in ihm verschwindet, sondern als ein Besonderes erkennbar bleibt: Deutung konkretisiert sich in der durchgehaltenen Spannung von Besonderem und Allgemeinem, im Gegensatz zum Prinzip «measurement», das auf Abstraktion vom Besonderen angelegt ist.

In den Jahren 1938 bis 1940 produziert Adorno zwar unablässig umfangreiche Denkschriften (darunter eine mit dem für amerikanische Ohren besonders verdächtigen Titel *A Social Critique of Radio Music*), die meisten bleiben jedoch unveröffentlicht, da keiner mit ihnen etwas anfangen kann. «Everyone was so confused by what Adorno said.» Als der Beauftragte der Rockefeller Foundation, Marshall, der von Adorno geleiteten musikalischen Abteilung des Radio Research Project schließlich die Gelder sperrt, verfügt er lakonisch, «...daß Adornos Forschungsergebnisse mit den übrigen Materialien des Projekts abgelegt und für eine mögliche spätere Arbeit verfügbar gehalten würden»[203].

Das Scheitern Adornos im amerikanischen Wissenschaftsbetrieb ist keinem der Beteiligten als persönliches Versagen anzulasten, auch mit etwas mehr gutem Willen – woran es bei dem auf sein Europäertum pochenden newcomer immerhin gefehlt haben mag – wären die grundsätzlichen Differenzen nicht zu überwinden gewesen. Diese lassen sich unter zwei Gesichtspunkten zusammenfassen. In wissenschaftstheoretischer Hinsicht kann sich Adorno nicht damit abfinden, daß nach amerikanischem Verständnis sozialwissenschaftliche «Forschung» die Trennung von Methode und Sache voraussetzt, während für Lazarsfeld – auch das trägt zu seinem «structural fit» bei – diese Unterscheidung von Anfang an selbstverständlich ist. «Knowing how things are done» ist für Lazarsfeld ein Erkenntnisziel von hoher Bedeutung, schon in Wien interessiert er sich für «decisions making»[204], die Frage, wie Entscheidungen in einem Individuum zustande kommen. Er selbst führt dieses Interesse auf den reformistischen Kurs der Austromarxisten zurück, die nicht Revolution, sondern einen Wahlsieg anstrebten; damit gewann natürlich die Frage an Bedeutung, wie die Entscheidung, einer Partei die Stimme zu geben, zustande kommt.

Lazarsfeld berichtet, er sei seinerzeit, noch in Wien, mit seiner Fragestellung nicht recht weitergekommen, bis er schließlich eine junge Dame – Amerikanerin – kennenlernte, die ihn mit den Methoden der in den USA gerade im Entstehen begriffenen Marktforschung vertraut gemacht habe. Ihre Aufgabe war es herauszufinden, warum die Leute bestimmte Sorten Seife kauften. Lazarsfeld begreift sofort, daß die Methode der Seifenforscherin auch für sein Problem die Lösung ist; seitdem steht für ihn fest, daß bei der Erforschung des Verhaltens von sozialistischen Wählern wie von Seifenkäufern ein und dieselbe Methode anzuwenden ist («the methodological equivalence of socialist voting and the buying of soap»). So kann es nicht ausbleiben, daß wenig später auch seine Untersuchungen über den «proletarischen Verbraucher» von Erfolg gekrönt sind: die wohlhabende Bourgeoisie bevorzugt bittere, das Proletariat süße Schokolade.[205] Das ist der Beitrag Wiens zum Problem von Geschichte und Klassenbewußtsein.

Um ganz ähnliche Dinge, zwar nicht um Seife, aber um «Seifenopern» («soap operas») geht es bei dem Radio Research Project, dessen musikalische Abteilung Adorno leiten soll. *Mein erster Eindruck ... zeichnete sich nicht gerade durch viel Verständnis aus. Ich ging, auf Anregung Lazarsfeld, von Zimmer zu Zimmer und unterhielt mich mit den Mitarbeitern, hörte Worte wie «Likes and Dislikes Study», «Success or Failure of a programme» und ähnliches, worunter ich mir zunächst wenig vorstellen konnte.* Allmählich begreift er: es handelt sich *um das Ansammeln von Daten ... die planenden Stellen im Bereich der Massenmedien ... zugute kommen sollten.* Und: *Im Rahmen des Princeton Project freilich war für kritische Sozialforschung wenig Raum.* Denn: *Dessen Charter ... stipulierte ausdrücklich, die Untersuchungen müßten sich im Rahmen des in den USA etablierten kommerziellen Radiosystems vollziehen.*[206] Aufgabe der Musikabteilung ist es, mit Hilfe von Fragebogen und Interviews herauszufinden, durch welche musikalischen Darbietungen die Hörer bewogen werden können, die von der Industrie finanzierten und mit Reklame durchsetzten Sendungen möglichst ausdauernd zu konsumieren. Adorno wird nervös, denn diese Art von Forschung, «administrative research» genannt, in der Wissenschaft, Marktforschung und Reklame ineinander übergehen, ist ihm nicht geheuer: sie ist nicht an objektiver Wahrheit interessiert, sondern orientiert sich am Markt, dessen Veränderungen zu erforschen wiederum ihr eigentlicher Zweck ist; die Trennung von Methode und Sache, von Adorno seit jeher befehdet, ist hier nicht nur möglich, sondern sogar zwingend geboten, denn von den verschiedenartigsten Gegenständen interessiert nichts außer einer einzigen Eigenschaft: ihre Stellung zum Markt, ihr Tauschwert.

Aber nicht einmal der Tauschwert ist den Dingen wesentlich zugehörig, er bleibt ihnen äußerlich, abhängig von den «likes» und «dislikes», die sie auf sich ziehen. Indem die Dinge auf ihren Tauschwert reduziert werden, verschwinden sie – darin besteht die von Marx analysierte «Tauschabstraktion» –, um verwandelt aufzuerstehen: als Ware. Diesen Verwandlungsprozeß überhaupt wahrzunehmen, fällt jedoch den Menschen außerordentlich schwer, denn gerade in ihren «likes» und «dislikes», in ihren vermeintlich spontanen Reaktionen glauben sie, sich der Dinge und ihrer selbst versichern zu können, während in Wahrheit sie nur in sich befangen bleiben, denn mit den Beziehungen zu den Dingen verlieren sie sich selbst. *Dr. Adorno, would you mind a personal question?* fragt eine junge Mitarbeiterin des Projekts. *Please tell me: are you an extrovert or an introvert?*[207] Die Tauschabstraktion greift über den ökonomischen Bereich hinaus, sie prägt vorab alle Formen des Denkens, läßt es dinghaft erstarren, so daß die Menschen selbst dann, wenn sie glauben, zum Persönlichen und Individuellen vorgestoßen zu sein, in leeren, abstrakten Begriffshülsen befangen bleiben.

Über diesen *Verblendungszusammenhang* hinaus weist für Adorno schließlich nur noch das Kunstwerk, aber auch nur dann, wenn es kompromißlos seinem *Formgesetz*, den im *Material* sedimentierten geschichtlichen Tendenzen folgt, nicht aber einem ihm äußerlich bleibenden «Engagement», denn dieses ist von der Tauschabstraktion nicht weniger entstellt als alle anderen Bewußtseinsakte. So kommt es, daß die erste größere Arbeit Adornos, die in den USA entsteht (*Über den Fetischcharakter in der Musik und die Regression des Hörens*, 1938), gleichermaßen eine Abrechnung mit Benjamins «Kunstwerk»-Aufsatz wie mit dem spezifisch amerikanischen Musikkonsum ist. Wenn das subjektive Bewußtsein letzter Bezugspunkt ist, hinter den nicht zurückgefragt werden darf, dann ist unerheblich, ob es sich (wie bei Benjamin) um das Bewußtsein des Proletariats oder um das des *Jungen von der Tankstelle* handelt, *der unbefangen seine Synkopen summt, wenn er das Benzin auffüllt*[208]: hier wie dort wird von der Objektivität des Werkes abgesehen. Musikalische Fetische entstehen, wenn Einzelheiten des Werks bzw. seiner Reproduktion isoliert und zum Gegenstand eines Kults gemacht werden: die schöne Stelle, die genialische Persönlichkeit des Dirigenten, die alte Meistergeige. Die einzig angemessene Rezeptionsweise ist das (von Adorno später so genannte) *strukturelle Hören*, der aktive Mitvollzug des musikalischen Verlaufs und der Spannungen, die sich zwischen dem Detail und dem Ganzen des Werks herstellen. Nur wenn das Bewußtsein sich der Objektivität des Werks überläßt, kann verhindert werden, daß es immer wieder zu Fetischen gerinnt: daher ist die ästhetische Erfahrung für Adorno auch Modell richtiger politischer Praxis.

Das ist, nach den wissenschaftstheoretischen Differenzen, der zweite Grund, weshalb Adorno in den Vereinigten Staaten Anstoß erregt. Es ist dort, so muß er immer wieder erfahren, *sehr schwierig, den Gedanken einer Objektivität von Geistigem zu fassen. Der Geist wird umstandslos dem Subjekt gleichgesetzt, ohne daß seine Verselbständigung und Autonomie zugegeben würde.*[209] Regelmäßig taucht in den Berichten von Amerikanern, die mit Adorno in diesen Jahren zusammentreffen, der Vorwurf der «Arroganz» auf, der, wie Lazarsfeld in einem Brief formuliert, «readiness to be insulting»: «if you find a juicy insult you feel very satisfied»[210]. Nach einem Vortrag beklagen sich die Zuhörer, Adorno habe sie «wie Idioten»[211] behandelt. Selbst wenn man die Unsicherheit des unangepaßten Emigranten, die einige Ungeschicklichkeiten bedingt haben mag, in Rechnung stellt, so fällt es doch schwer, angesichts von Adornos exzessiver Höflichkeit an seine angebliche Lust an der Brüskierung zu glauben. Des Rätsels Lösung ist enthalten in dem Gedanken der *Objektivität von Geistigem.* Für Adorno ist es selbstverständlich, daß er seine Kritik am Fetischcharakter in der Musik nicht als subjektive Meinungsäußerung vorträgt, sondern stets im Namen der Objektivität des Werks als einer für sich seienden, vom Komponisten abgelösten Sinneinheit. Wenn aber, wie es für das amerikanische Bewußtsein nicht weniger selbstverständlich ist, über Zustimmung und Ablehnung allein die subjektiven, prinzipiell gleichberechtigten «likes and dislikes» zu entscheiden haben, dann ist für das Publikum die Schlußfolgerung unvermeidlich, daß der Vortragende ein Dogmatiker ist, der seine subjektiven Urteile allen anderen aufzunötigen trachtet; selbst der Verdacht einer undemokratischen Einstellung liegt unter diesen Umständen nahe. Andererseits aber kann man sich auch Adornos Entsetzen vorstellen, als nach der Analyse eines Themas aus Schuberts h moll-Symphonie *im Sinn strukturellen Hörens* sich ein junger Mann zu Wort meldet und ihm empfiehlt, *Maske und Kostüm Schuberts anzulegen und quasi als der Komponist selber, der über seine Absichten Auskunft erteilt*[212], zu sprechen.

So beendigt der Beschluß der Rockefeller Foundation, der musikalischen Abteilung des Radio Research Project die finanzielle Unterstützung zu entziehen, einen Zustand, der für alle Beteiligten unerträglich geworden war. Adorno verläßt New York, er folgt Horkheimer, der sich schon zuvor nach Kalifornien abgesetzt hatte, angeblich aus Gesundheitsgründen, und nachdem sich herausgestellt hatte, daß nicht er, sondern Franz Neumann an die Columbia University berufen werden soll.

Unterzeichnung des deutsch-sowjetischen Nichtangriffspakts, August 1939: Molotow (vorn), Ribbentrop und Stalin

In demselben Jahr, 1941, stellt die «Zeitschrift für Sozialforschung» ihr Erscheinen ein. Das Programm, das Horkheimer elf Jahre zuvor entworfen hatte: durch Zusammenschluß der verschiedensten wissenschaftlichen Disziplinen zu einer Theorie des historischen Verlaufs zu gelangen, ist gescheitert.

Bis zum Herbst 1944 war mein Kontakt mit der amerikanischen Wissenschaft unterbrochen.[213] Für Adorno muß die Notwendigkeit, in einem ohnehin nur schwer ertragenen Exil gleichsam noch einmal ins Exil zu gehen, eine traumatische Erfahrung gewesen sein. Dagegen ist er wohl weniger beeindruckt von dem politischen Ereignis, das Horkheimer und Benjamin als Katastrophe erleben: dem Pakt zwischen Hitler und Stalin. Mit ihm ist offenbar geworden, daß auch in der Sowjet-Union der autoritäre Staat über die Arbeiterbewegung den Sieg davongetragen hat. Das Proletariat hat die ihm von Marx zugewiesene Rolle im Geschichtsprozeß: bestimmte Negation der bestehenden Herrschaftsverhältnisse und damit Subjekt des geschichtlichen Fortschritts zu sein, ausgespielt. Die Kritische Theorie hat endgültig ihr historisches Subjekt verloren.

Adorno hatte an das Proletariat als das mögliche Subjekt der Geschichte niemals geglaubt; insofern ist sein Denken von Anfang an «subjektlos». Wenn überhaupt von einem «Subjekt» des theoretischen Gedankens bei ihm die Rede sein kann (im Sinne einer Instanz, durch die Reflexion bzw. die Vernunft schließlich in Wirklichkeit umgesetzt werden soll), dann ist dieses Subjekt das Nichts; es ist bei Adorno durch eine eigentümlich produktive Kraft ausgezeichnet, eher dem Werden verwandt als dem destruktiven Nichts des Nihilismus. Der Gedanke eines produktiven Nichts erscheint andeutungsweise in einer Musikkritik der zwanziger Jahre, ausgearbeitet wird er im *Versuch über Wagner* (geschrieben Ende der dreißiger Jahre), dem Buch, mit dem er den in seinen Augen unzureichenden Bemühungen Benjamins das Modell einer durchgeführten theoretischen Vermittlung von geschichtlicher, soziologischer und ästhetischer Reflexion gegenüberstellen will. Im Schlußkapitel wird hervorgehoben, daß die Vorliebe des späten Wagner den *Zwischenwesen der Tiefe* gegolten habe, den *nichtigen und hoffnungsarmen... den Blumenmädchen... den Undinen, den Seelenlosen... Sie sind die Boten des Nichts ans Etwas, und sie will ihrer tiefsten Absicht zufolge seine Musik erretten.*[214] In diesen schemenhaften, nicht ganz individuierten Gestalten komme zwar einerseits der Verfall des Bürgertums zum Ausdruck, der grundlegenden These des Buchs gemäß, daß in Wagners Werk, insbesondere im «Ring», die verfehlte bürgerliche Emanzipation gestaltet sei; zugleich aber entwickelt Adorno eine dialektische Ansicht der Dekadenz: ihr utopisches Element habe sie gerade im Zerfall der scharf umrissenen Individuation, die ihrerseits Funktion des gnadenlosen Konkurrenzkampfs aller gegen alle sei. *Wohl überantwortet Subjektivität ihr Glück dem Tod; aber eben damit geht ihr die Ahnung davon auf, daß sie nicht vollends sich selber gehört. Die Monade ist «krank», zu ohnmächtig... um ihr eigenes Prinzip, das der Vereinzelung, noch durchzusetzen und bei sich auszuharren. So gibt sie sich preis. Ihre Preisgabe jedoch verhilft nicht bloß der schlechten Gesellschaft zum Sieg über ihren Protest, sondern durchschlägt schließlich den Grund der schlechten Vereinzelung selber.*[215]

Nicht von einem das bürgerliche Individuum transzendierenden historischen Subjekt erhofft Adorno die Auflösung der *dinghaften Egoität*, sondern von einem Verschwinden des Zwangs zur Individuation; einen Vorschein von dieser utopischen Aufhebung der Individualität soll ästhetische Erfahrung vermitteln, die *Erschütterung*[216], die sich einstellt, wenn das Subjekt sich ganz an das Werk preisgegeben hat.

Autoritäre Aufklärung

Die orthodox marxistische These, die Horkheimer noch im Jahre 1939 vertreten hatte: daß der Faschismus die notwendige Folge des Kapitalismus sei – «Wer aber vom Kapitalismus nicht reden will, sollte auch vom Faschismus schweigen»[217] –, wird fragwürdig, wenn totalitäre Herrschaft sich weltweit durchsetzt, auch dort, wo der Kapitalismus abgeschafft ist. Sollte sich herausstellen – und zu Beginn der vierziger Jahre besteht Grund zu dieser Annahme –, daß das Substrat aller Geschichte Herrschaft ist, dann muß untersucht werden, ob die Ursachen dieser Entwicklung nicht wesentlich früher in der Geschichte der Menschheit oder gar in einer ursprünglichen Erkrankung der Vernunft zu finden sind.

Seit je hat Aufklärung... das Ziel verfolgt, von den Menschen die Furcht zu nehmen und sie als Herren einzusetzen. Aber die vollends aufgeklärte Erde strahlt im Zeichen triumphalen Unheils.[218] Im ersten Satz des einleitenden Kapitels der *Dialektik der Aufklärung* wie in dem Buch insgesamt steht *Aufklärung* für den bis in die Urgeschichte zurückreichenden Prozeß, in dem das Subjekt, um sich selbst zu erhalten, sich immer entschiedener der Natur gegenüberstellt, bis sie ihm schließlich nichts anderes mehr ist als ein Objekt zur Ausübung von Herrschaft, als das zu Unterwerfende schlechthin. Aus dieser Definition des Begriffs der Aufklärung wird die erste der beiden Hauptthesen abgeleitet, zwischen denen sich jene Dialektik vollzieht, deren Darstellung Gegenstand des Buches ist: *schon der Mythos ist Aufklärung*[219]. Der Prozeß der Aufklärung wird bis in die Vorgeschichte der Menschheit zurückverfolgt, weil nur auf diese Weise die Erkrankung der Vernunft in ihrem Ursprung: der Entstehung des Begriffs, zu erfassen ist. Der Begriff bezeichnet die Grenze zwischen Mythos und Magie, dem noch älteren Versuch der Menschen, sich gegen die Übermacht der Natur zu behaupten. Der Zauberer, der durch Magie die Natur zu beeinflussen sucht, betreibt *Mimesis*, er bannt den Schrecken der Natur, indem er sich ihr angleicht; die gräßlich verzerrten Züge seiner Maske sind der Schrecken der Natur noch einmal: Nachahmung, Wiederholung sind erste Versuche der Selbstbehauptung. Im mimetischen Verhalten ist die Trennung von Subjekt und Objekt noch nicht ganz vollzogen, und eben aus diesem

MAX HORKHEIMER
UND THEODOR W. ADORNO

DIALEKTIK
DER
AUFKLÄRUNG

PHILOSOPHISCHE FRAGMENTE

QUERIDO VERLAG N.V.
AMSTERDAM
1947

Grunde gewinnt in den folgenden Jahrzehnten der Begriff der Mimesis für Adorno immer mehr an Bedeutung.

Wenn die Erkrankung der Vernunft auf die Anfänge der Begriffsbildung zurückgeht, weil durch den Begriff die Menschen die Natur objektivieren und sie zum Gegenstand von Herrschaft machen, dann ist es in einer aufgeklärten, der kalkulierenden Vernunft unterworfenen Welt allein die Kunst, die einen Ausweg aus dieser Verstrickung öffnet, denn nur in ihr überdauern mimetische, vom begrifflichen Denken noch nicht vollständig erfaßte Impulse. Die Kunstwerke sind daher von ihren Ursprüngen in Magie niemals ganz abzulösen, andererseits aber bedarf auch Mimesis, um mehr zu sein als bloß ein magisches Ritual, der organisierenden Rationalität des Werks. An dieser in der Kunst vollzogenen Versöhnung von Mimesis und Rationalität hätte sich nach Adornos Überzeugung die gesellschaftliche Praxis zu orientieren. Während das magische Ritual also diesseits des Begriffs verbleibt, ist dem Mythos der Begriff wesentlich, und insofern hat er an Aufklärung teil, selbst dort, wo er die Gebundenheit der Menschen in den Immanenzzusammenhang der Natur zu bekräftigen scheint: indem die mythische Erzählung das Namenlose benennt, das Unerklärliche erklärt, vollzieht sie den ersten Schritt zur rationalen Durchdringung der Welt.

Aber wie der Mythos in sich dialektisch ist, so ist auch Aufklärung, wie die zweite Hauptthese des Buchs hervorhebt, kein einsinnig verlaufender Prozeß: *Aufklärung schlägt in Mythologie zurück.*[220] Diese Dialektik wird durch das Prinzip der Selbsterhaltung, in deren Dienst alle Rationalität ursprünglich steht, in Gang gebracht. Um sich selbst gegenüber der amorphen Natur zu bewahren, muß das Subjekt sich nicht nur der Natur schroff entgegenstellen, sondern es muß auch in sich jede Erinnerung daran tilgen, daß es selbst seinen Ursprung in Natur hatte. Je weiter aber das Subjekt seine Emanzipation von der Natur vorantreiben will, desto härter und unnachsichtiger muß es in sich alle mimetischen Impulse, alle Strebungen, die auf seinen Ursprung verweisen, unterdrücken, bis schließlich das Instrument zum Selbstzweck wird: Vernunft, das Instrument der Selbsterhaltung, höhlt das Selbst so lange aus, bis schließlich gerade das ausgelöscht ist, um dessentwillen der ganze Prozeß ursprünglich in Gang gebracht worden war. In der von Rationalität gänzlich unterworfenen Welt schließlich ist jede Regung des Subjekts wieder unerbittlich festgelegt: das ist die Wiederkehr der Unausweichlichkeit des mythischen Schicksals.

Mit dem Untertitel *Philosophische Fragmente* soll angedeutet werden, daß die *Dialektik der Aufklärung* sich dem Zwang zum System, das nicht in der Sache selbst, sondern in der begrifflichen Apparatur der Wissenschaft angelegt ist, verweigert. Trotzdem lassen sich die einzelnen Kapitel des Werkes auf die traditionelle Einteilung der philosophischen Disziplinen beziehen. Der (von Adorno verfaßte) Exkurs über die Odyssee, der die erkenntnistheoretische Grundlegung enthält, entspräche dann einer historisierten, durch die genetische Philosophie Schellings und Nietzsches geprägten Neufassung der «Kritik der reinen Vernunft». Waren für Kant die Kategorien, durch die das Erkenntnisurteil zustande kommt, vorgegeben und zeitlos gültig, so wird nun die Irrfahrt des Odysseus interpretiert als der Prozeß, in dem die Gesetze der Logik allererst entstehen, als verfestigte Formen der Disziplin, der sich das Subjekt unterwerfen muß, um der Versuchung, sich in die ungebändigte Natur zurücksinken zu lassen, zu widerstehen. *Die Abenteuer, die Odysseus besteht, sind allesamt gefahrvolle Versuchung, die das Selbst aus der Bahn seiner Logik herausziehen.*[221] – Der «Kritik der praktischen Vernunft» entspräche das Kapitel *Juliette oder Aufklärung und Moral*, in dem Horkheimer darlegt, daß durch die *Formalisierung der Vernunft* zum Herrschaftsinstrument es unmöglich geworden ist, *aus der Vernunft ein grundsätzliches Argument gegen den Mord vorzubringen.* Die *dunklen Schriftsteller des Bürgertums*, de Sade und Nietzsche, haben diese Konsequenz ausgesprochen, und damit jenen Prozeß der Selbstreflexion der Aufklärung vorbereitet, den Horkheimer und Adorno einleiten wollen. *Die Reflexion der Wissenschaft auf sich selbst, das Gewissen der Aufklärung, war der Philosophie, das heißt den Deutschen, vorbehalten.*[222]

Odysseus und die Sirenen. Attisches Vasenbild, um 475 v. Chr.

Das Kapitel *Kulturindustrie* schließlich, von den Autoren gemeinsam vefaßt, ist die einer zum *Massenbetrug* gewordenen Aufklärung angemessene «Kritik der Urteilskraft». Kant war zu dem Ergebnis gekommen, daß das ästhetische Urteil einerseits zwar höchst subjektiv sei, da der Geschmack nur dem Gefühl der Lust und Unlust folgt, daß es zugleich aber allgemeine Gültigkeit beansprucht, ohne diese erzwingen zu können oder auch nur zu wollen: in dieser Spannung zwischen uneingeschränkter Subjektivität und der «Idee eines gemeinschaftlichen Sinnes» ist das utopische Potential der Kunst enthalten: die Kunst verweist auf einen Zustand der Versöhnung von Individuum und Gesellschaft.[223] Durch die Kulturindustrie wird diese Utopie zwangsweise vollstreckt. Sie hat die Funktion, die den Menschen verbliebenen und vielfach entstellten, aber immer noch potentiell unbotmäßigen und subversiven mimetischen Impulse planender Verfügung zu unterwerfen, so daß sich ein *Zirkel von Manipulation und rückwirkendem Bedürfnis, in dem die Einheit des Systems immer dichter zusammenschießt*, herstellt. *Die wogenden Ährenfelder am Ende von Chaplins Hitlerfilm desavouieren die anti-*

faschistische Freiheitsrede. Sie gleichen der blonden Haarsträhne des deutschen Mädels, dessen Lagerleben im Sommerwind von der Ufa photographiert wird. Natur wird dadurch, daß der gesellschaftliche Herrschaftsmechanismus sie als heilsamen Gegensatz zur Gesellschaft erfaßt, in die unheilbare gerade hineingezogen und verschachert. Auf der Pervert' rung des mimetischen Impulses beruht die überragende politische Bedeutung der Kulturindustrie. Indem sie alle von der Norm abweichenden, die Realität transzendierenden Elemente der Kunst systematisch erforscht und konsumgerecht aufbereitet – etwa durch «likes and dislikes studies» –, kann sie sie in den Dienst der bestehenden Herrschaftsverhältnisse stellen. Auf diese Weise werden die Menschen auf den totalitären Staat vorbereitet: *Die rücksichtslose Einheit der Kulturindustrie bezeugt die heraufziehende der Politik.*[224]

In diesem Fluchtpunkt: die Menschen der totalen Herrschaft auszuliefern, konvergieren sämtliche Entwicklungsformen der unreflektierten Aufklärung, von der Kulturindustrie bis zur «positivistischen» Orientierung der Wissenschaften. Die Kritik des Positivismus an den allgemeinen Begriffen, seine Hinwendung zu «Protokollsätzen», die nur das ausdrücken sollen, «was der Fall ist», wird als letzte Stufe der Kritik der Aufklärung am Mythos interpretiert. Aus den mythischen Personifikationen der Naturmächte entstehen, über die vorsokratischen Kosmologien und die platonischen Ideen, allmählich die Kategorien der abendländischen Philosophie. Dieser mythische Ursprung der allgemeinen Begriffe fordert die Kritik der Aufklärung heraus: *In der Autorität der allgemeinen Begriffe meint sie noch die Furcht vor den Dämonen zu erblicken, durch deren Abbilder die Menschen im magischen Ritual die Natur zu beeinflussen suchten. Von nun an soll die Materie endlich ohne Illusion... verborgener Eigenschaften beherrscht werden. Was dem Maß von Berechenbarkeit und Nützlichkeit sich nicht fügen will, gilt der Aufklärung für verdächtig.*[225] Werden jedoch, wie es in der Konsequenz aufklärerischen Denkens liegt, die allgemeinen Begriffe ganz auf die einzelnen Fakten reduziert, so schwindet auch jene Differenz zwischen Begriff und Realität, in der allein Freiheit gedacht werden kann. Weil sich die allgemeinen Begriffe der unmittelbaren Verfügungsgewalt des Subjekts einstweilen entziehen, argwöhnt es in ihnen einen Rest von mythischer, ungebändigter Natur; der Angst, die hierdurch ausgelöst wird, meint es nur Herr werden zu können, wenn es das Unbekannte, das in der Allgemeinheit der Begriffe lauert, vertilgt. *Aufklärung ist die radikal gewordene, mythische Angst. Die reine Immanenz des Positivismus, ihr letztes Produkt, ist nichts anderes als ein gleichsam universales Tabu. Es darf überhaupt nichts mehr draußen sein, weil die bloße Vorstellung des Draußen die eigentliche Quelle der Angst ist.*[226] So setzt sich die Dialektik der Aufklärung auch in der Sprache durch: *Anstatt den Gegenstand zur Erfahrung zu bringen, exponiert ihn das gereinigte Wort als Fall eines abstrak-*

108

Adorno in den vierziger Jahren in seiner Wohnung in West Los Angeles

ten Moments... Der Linksaußen beim Fußball, das Schwarzhemd, der Hitlerjunge... sind nichts mehr als das, was sie heißen... Die Blindheit und Stummheit der Daten, auf welche der Positivismus die Welt reduziert, geht auf die Sprache selber über... So werden die Bezeichnungen selbst undurchdringlich, sie erhalten eine Schlagkraft... die sie ihrem extremen

Gegensatz, den Zaubersprüchen, ähnlich macht.[227] Die neue, durch den Aufklärungsprozeß sich herauskristallisierende Gestalt mythischer Gebundenheit der Menschen ist uneingeschränkte Verfügbarkeit, der direkte Zugriff von seiten der Machthaber.

Die Dialektik der Aufklärung, so ließen sich die verschiedenen Befunde zusammenfassen, beseitigt, in einem sehr umfassenden Sinne, die Sphäre der Vermittlungen zwischen Individuum und Gesellschaft. *In der Ära der großen Konzerne und Weltkriege… erweist sich die Vermittlung des Gesellschaftsprozesses durch die zahllosen Monaden hindurch als rückständig. Die Subjekte der Triebökonomie werden psychologisch expropriiert und diese rationeller von der Gesellschaft selbst betrieben.*[228] An die Stelle des Marktes und der durch ihn besorgten Vermittlung treten, in ökonomischer wie in gesellschaftlicher Hinsicht, der Plan und das direkte Kommando. Was immer dieser überwältigenden Tendenz zur Totalität entgegensteht, alles, was in irgendeiner Weise «anders» ist, wird zum Gegenstand von Unterdrückung und Verfolgung.

Das Kapitel *Elemente des Antisemitismus* ist der Versuch, diese letzte Phase, in der die totalitären Tendenzen der Aufklärung die Oberhand gewinnen, theoretisch zu durchdringen; es enthält, überwiegend wohl formuliert von Adorno, die offizielle Faschismustheorie des Instituts, wie sie wenige Jahre später auch der großen Untersuchung «The Authoritarian Personality» zugrunde liegen wird. Die Ausführungen über den Antisemitismus können nicht mehr, wie die vorhergehenden Kapitel, einem der traditionellen Gebiete der Philosophie zugeordnet werden; das entspricht der historisch neuen Qualität des Geschehens, der bürokratischen Organisation des Massenmordes. Andererseits aber sind die wesentlichen Elemente der Theorie des Antisemitismus bereits in den frühen Abschnitten enthalten, so daß die Kontinuität der Entwicklung von der Vorgeschichte über das bürgerliche Zeitalter bis zum totalen Staat deutlich akzentuiert erscheint. Es sind vor allem zwei theoretische Motive, durch die die Grenzen zwischen Kulturindustrie, Positivismus und Antisemitismus fließend werden: die Pervertierung des mimetischen Impulses und die Unfähigkeit der Vernunft, sich vom Prinzip der Selbsterhaltung zu emanzipieren.

In seinem Aufsatz «Die Juden und Europa» (1939) hatte Horkheimer die systematische Verfolgung der Juden unter dem Faschismus auf den Übergang vom liberalistischen zum zentralistisch organisierten Kapitalismus zurückgeführt: die Zirkulationssphäre, in der die Juden überwiegend tätig waren, wird überflüssig und verschwindet. In der *Dialektik der Aufklärung* wird diese ökonomitische Argumentation anthropologisch erweitert. Der mimetische Impuls, dessen Verdrängung der Preis der fortschreitenden Rationalisierung aller Lebensverhältnisse ist, wird am ehesten noch an denen wahrgenommen, die hinter dem Fortschritt zurückgeblieben sind. *Die von Zivilisation Geblendeten erfahren ihre ei-*

genen tabuierten mimetischen Züge erst an manchen Gesten und Verhaltensweisen, die ihnen bei anderen begegnen, und als isolierte Reste, als beschämende Rudimente in der rationalisierten Umwelt auffallen. Was als Fremdes abstößt, ist nur allzu vertraut. Es ist die ansteckende Gestik der von Zivilisation unterdrückten Unmittelbarkeit: Berühren, Anschmiegen, Beschwichtigen, Zureden. Anstößig ist heute das Unzeitgemäße jener Regungen. Sie scheinen die längst verdinglichten menschlichen Beziehungen wieder in persönliche Machtverhältnisse zurückzuübersetzen, indem sie den Käufer durch Schmeicheln, den Schuldner durch Drohen, den Gläubiger durch Flehen zu erweichen suchen.[229] Die Erinnerung an mimetisches Verhalten, die den Wunsch hervorruft, mit der Natur zu kommunizieren, weckt zugleich die Angst, mit der Herrschaft über die Natur die Herrschaft über sich selbst zu verlieren. Deshalb darf der heimliche Wunsch, das über das mimetische Verhalten verhängte Verbot zu durchbrechen – *Kein Antisemit, dem es nicht im Blute läge, nachzuahmen, was ihm Jude heißt*[230] –, nur dann erfüllt werden, wenn außer Zweifel steht, daß die Nachahmung des Verbotenen zum Zwecke seiner Identifizierung und Vernichtung geschieht.

Die Theorie des Antisemitismus soll zu der Einsicht führen, daß der antisemitische Affekt nur sehr wenig mit seinem vermeintlichen Objekt, den Juden, zu tun hat, sehr viel mehr dagegen mit Versagungen und Verdrängungen, die auf dem Hassenden selbst lasten. Gerade weil die Wiederkehr des verdrängten mimetischen Impulses als lustvoll erlebt wird, muß seine erneute Unterdrückung mit unnachsichtiger Härte erfolgen: hieraus bezieht der antisemitische Affekt seine destruktive Energie. Die Gewalttat, die der Antisemit an seinem Opfer verübt, ist zugleich gegen ihn selbst gerichtet. Wenn die Erkrankung der Vernunft darin ihren Ursprung hatte, daß das Subjekt um der Selbsterhaltung willen sich gegen die Welt der Objekte strikt abgrenzte, so wird im Finalstadium dieser Krankheit die Grenze zwischen Subjekt und Objekt wieder fließend.

Diesen Mechanismus soll die psychoanalytische Lehre von der *pathischen Projektion* aufhellen. Hierbei handelt es sich um die *Übertragung gesellschaftlich tabuierter Regungen des Subjekts auf das Objekt... Unter dem Druck des Über-Ichs projiziert das Ich die vom Es ausgehenden, durch ihre Stärke ihm selbst gefährlichen Aggressionsgelüste als böse Intentionen in die Außenwelt und erreicht es dadurch, sie als Reaktion auf solches Äußere loszuwerden.* Gattungsgeschichtlich wird pathische Projektion interpretiert als ein *Vermächtnis der tierischen Vorzeit, ein Mechanismus für die Zwecke von Schutz und Fraß, verlängertes Organ der Kampfbereitschaft*: aktualisiert wird das zerstörerische Potential dieses archaischen Erbes, wenn, individualgeschichtlich, als Folge des nicht bewältigten Ödipuskomplexes, eine Störung der Objektbeziehungen eintritt. Das Subjekt, zurückgeworfen auf seine blinden, von der Objektwelt abgleitenden Triebregungen, wird unfähig, seine Wahrnehmungen

Auf dem Weg nach Auschwitz

zu kontrollieren, sie als Resultat eines Vermittlungsprozesses zwischen Innen und Außen zu begreifen; im *Abgrund*[231] zwischen Subjekt und Objekt nistet sich der paranoische Wahn ein, ein Beziehungsgeflecht, das das Subjekt als Ersatz für das ihm unerreichbar gewordene Objekt aufbaut. In dieser Ersatzfunktion, nicht einfach in seiner «Wahnhaftigkeit», besteht die Gefährlichkeit des Wahns. Es wäre harmlos, bestünde er nur in einem Gespinst, in das das Subjekt sich selbstgenügsam einhüllte. Tatsächlich jedoch ist der paranoische Wahn der ohnmächtige

Versuch des in sich selbst befangenen Subjekts, doch noch eine Beziehung zur Außenwelt herzustellen; da aber der Weg der Vermittlung, der allein zum Ausgleich von Innen und Außen führen kann, ihm versperrt ist, bleibt allein der Versuch, die Außenwelt gewaltsam zu unterwerfen, ohne die Möglichkeit, innezuhalten vor deren vollständiger Vertilgung. Das ist der Grund für das auffallende Mißverhältnis zwischen den vergleichsweise geringfügigen Verfehlungen, die der antisemitische Affekt den Juden vorwirft, und der stereotypen Forderung nach Vernichtung als der allein angemessenen «Strafe». Der Paranoiker, der seinen Wahn in Bestrafungsphantasien auslebt, *kann nicht aufhören*[232], denn sein Versuch, mit der Außenwelt in Verbindung zu treten, bleibt vergeblich, so daß die unheilvolle Dynamik niemals stillgestellt wird. Insofern *regrediert* der Kranke auf die *archaische Ungeschiedenheit von Liebe und Überwältigung... auch der Haß führt zur Vereinigung mit dem Objekt, in der Zerstörung. Er ist das Negativ der Versöhnung.*[233] So widersinnig dies auch angesichts des millionenfachen Mordes scheinen mag: in Adornos und Horkheimers Darstellung trägt der Antisemitismus deutlich Züge eines vergeblichen Liebeswerbens, einer verzweifelten Hoffnung auf Erlösung.

Obwohl diese Ergebnisse keinen Ausweg offen zu lassen scheinen, wird gegen Ende des Antisemitismus-Kapitels die – wenn auch schwache – Hoffnung zugestanden, es könne aus der Verstrickung der bisherigen Menschheitsgeschichte doch noch herausgefunden werden: *Die Umwendung hängt davon ab, ob die Beherrschten im Angesicht des absoluten Wahnsinns ihrer selbst mächtig werden und ihm Einhalt gebieten.*[234] Die Möglichkeit wird zumindest nicht ausgeschlossen, daß an diesem äußersten Punkt die Dialektik der Aufklärung erneut umschlagen könnte: die Erfahrung des *Wahnsinns*, zu dem Aufklärung geworden ist, enthielte zugleich das Potential, die Klammer, die Vernunft und Herrschaft bisher zusammenzwang, aufzusprengen. Dies wäre zugleich der eindrucksvolle Beweis für die Kraft der bestimmten Negation. Dem dritten Teil der *Minima Moralia* ist ein Motto (von F. H. Bradley) vorangestellt, das Adornos Verständnis dieser Denkfigur enthält:

> Where everything is bad
> it must be good
> to know the worst.[235]

Formal scheint der Satz dem klassischen Schlußverfahren der Logik, dem Syllogismus, nachgebildet zu sein, zugleich aber wird das Ideal der logischen Beweisführung, Einsinnigkeit und Widerspruchslosigkeit, durch die Spannung dialektisch aufeinander bezogener Gegensätze abgelöst. Aber auch das noch von Hegel respektierte Verständnis von Dialektik, demzufolge die Negativität des Widerspruchs in einer höheren

Positivität aufzulösen sei, wird zerstört: der dialektische Gedanke endet nicht in harmonischem Ausgleich, sondern er folgt gleichsam einer absteigenden Tendenz: der Widerspruch wird nicht aufgehoben, Dialektik bleibt «negativ». Negativität soll nicht Durchgangsstation sein auf dem Wege zu vorab feststehender Positivität, sondern in ihrer ganzen Unversöhntheit ernst genommen werden: daher ist «worst» das letzte Wort. Das Negative ist nicht, wie in der traditionellen Dialektik, ein bloßes Moment innerhalb des umgreifenden, niemals ernsthaft in Frage gestellten Positiven; Moment ist vielmehr das Positive, das, gefährdet und flüchtig – «good» ist gerade nicht das letzte Wort! – aufscheinen mag, wenn die abstrakte und undifferenzierte Negativität, wie sie in dem Satz «everything is bad» zum Ausdruck kommt, unter dem genauen Blick «bestimmt» wird: «to know the worst».

Die bestimmte Negation bleibt aber nur so lange ein Instrument von Erkenntnis, als ihr prekärer Status im Niemandsland zwischen Theorie, Praxis und religiöser Erlösungshoffnung nicht aus den Augen verloren wird. Im letzten Abschnitt der *Minima Moralia*, also an exponiertester Stelle, bekräftigt Adorno die Überzeugung, daß *die vollendete Negativität, einmal ganz ins Auge gefaßt, zur Spiegelschrift ihres Gegenteils zusammenschießt.* Der Zusammenhang von bestimmter Negation und Praxis, der mit dieser Metapher suggeriert wird, steht hier allerdings noch unter einem bedeutsamen Vorbehalt: *Philosophie, wie sie im Angesicht der Verzweiflung einzig noch zu verantworten ist, wäre der Versuch, alle Dinge so zu betrachten, wie sie vom Standpunkt der Erlösung aus sich darstellten. Erkenntnis hat kein Licht, als das von der Erlösung her auf die Welt scheint ... Perspektiven müßten hergestellt werden, in denen die Welt ähnlich sich versetzt, verfremdet, ihre Risse und Schründe offenbart, wie sie einmal als bedürftig und entstellt im Messianischen Lichte daliegen wird.*[236] Bestimmte Negation mag die richtige Praxis vorbereiten, aber der Begriff der *Erlösung* läßt zugleich erkennen, daß zwischen beiden ein Abgrund klafft. Damit trägt Adorno der Tatsache Rechnung, daß das Verhältnis zur Praxis, an dem die Theorie krankt, seit sie des historischen Subjekts verlustig ging, auch durch die bestimmte Negation nicht ausgeglichen werden kann.

Dagegen ist für den späteren Adorno charakteristisch, daß er diese Spannung mehr und mehr verdrängt; der Umschlag von bestimmter Negation in Praxis verliert allmählich sein religiös überhöhtes Pathos, er wird zum zuverlässig funktionierenden Mechanismus – auf extreme Weise in den *Aufzeichnungen zu Kafka* –, bis er schließlich zur Routine absinkt: *Begriff und Theorie der Gesellschaft sind nur dann legitim, wenn sie ... die Möglichkeit, die sie beseelt, negativ festhalten: aussprechen, daß die Möglichkeit erstickt zu werden droht. Solche Erkenntnis, ohne Vorwegnahme dessen, was darüber hinausführte, wäre die erste Bedingung dafür, daß der Bann der Gesellschaft einmal doch sich löse.*[237] Dieser

Satz, mit dem der von Adorno selbst als grundsätzlich eingeschätzte Artikel *Gesellschaft* (1965) schließt, zeigt exemplarisch den Spannungsverlust seines Denkens während der Nachkriegszeit. Aus dem extremen Gegensatz von *entstellter* Welt und messianischer *Erlösung*, der, wenn überhaupt, nur auf extreme Weise – revolutionär oder religiös – aufzuheben ist, ist die flaue Möglichkeit geworden, daß bestimmte Negation (*negativ festhalten*) und richtige Praxis irgendwie zusammenhängen: die Utopie, die in der Spannung zwischen Erlösungsbedürftigkeit der Gegenwart und messianischer Endzeit einen Moment lang zur Erscheinung gekommen war, verschwindet im grauen Niemandsland zwischen der vagen Reminiszenz an die religiöse Sphäre (*Bann*), der von geschichtlicher Zeit gründlich gereinigten Zeitangabe (*doch einmal*) und einer unpersönlichen, zwischen Aktiv und Passiv verschwimmenden Verbform (*sich löse*), in der das Pathos des früher gebrauchten Begriffs nur noch als zufälliger Nachklang überdauert.

Die Tendenz, die Geschichte der Menschheit von den Anfängen an als Verstrickung in Herrschaft – bei weitgehender Abstraktion von ihren konkreten Gestalten – zu interpretieren, hat zugleich eine eigentümliche Enthistorisierung des Denkens zur Folge, auch und gerade dann, wenn weit auseinanderliegende Epochen kurzgeschlossen werden; exemplarisch für dieses Vorgehen ist die Darstellung des Odysseus als eines frühen Bürgers. Diese weitgespannten, oftmals verblüffenden Querverbindungen, denen Adornos Schriften einen guten Teil ihrer Suggestivität verdanken, finden in seinen Augen ihre theoretische Rechtfertigung wohl in der von wechselnden Epochen und Gesellschaftsordnungen niemals berührten Fortdauer von Herrschaft, allerdings läßt gerade die Virtuosität, mit der sie zu Dutzenden konstruiert werden, argwöhnen, daß es mit ihrem historischen Sachgehalt nicht immer sehr weit her ist. In den *Minima Moralia* kulminiert eine amüsante Betrachtung über die amerikanische Hotelindustrie in dem Satz: *Wahrscheinlich datiert der Verfall des Hotelwesens zurück bis zur Auflösung der antiken Einheit von Herberge und Bordell.*[238] Für eine geistreiche Pointe ist dieser zoom-Effekt des historischen Bewußtseins immer gut, aber er wird fragwürdig, wenn durch ihn noch der Mord zum Gegenstand einer wohlfeilen Assoziation wird. Das Gehen, heißt es in einem anderen Abschnitt desselben Buchs, *war die bürgerliche Weise, von der Stelle zu kommen: physische Entmythologisierung, frei vom Bann des hieratischen Schreitens, der obdachlosen Wanderschaft, der atemlosen Flucht... Mit dem liberalen Zeitalter stirbt das Gehen ab... Wenn aber einem Menschen zugerufen wird: «lauf», vom Kind, das der Mutter ein vergessenes Täschchen aus dem ersten Stock holen soll, bis zum Gefangenen, dem die Eskorte die Flucht befiehlt, um einen Vorwand zu haben, ihn zu ermorden, dann wird die archaische Gewalt laut, die unhörbar sonst jeden Schritt lenkt.*[239] Den Vorwurf des Feuilletonismus – es kennzeichnet das Feuilleton, daß in ihm der Effekt über die Sache herrscht – hätte Adorno wohl mit dem Hinweis auf die *rückwirkende Kraft*[240] von Erkenntnis zurückgewiesen: die jeweils fortgeschrittenste Gestalt des verdinglichten Bewußtseins läßt nach seiner Überzeugung erkennen, daß die unheilvolle Fehlentwicklung bereits in früheren, als unverdächtig geltenden Erscheinungen angelegt war. Strukturiert sind diese Einsichten sämtlich nach einem Prinzip, dem des Witzes: von zwei weit auseinanderliegenden, ganz verschiedenartigen Phänomenen wird das eine Merkmal, das sie vielleicht gemeinsam haben, aufgesucht und grell beleuchtet, so daß die in der Geschichte entstandenen Differenzen im einförmigen Grau einer schon in den Anfängen festgelegten Fehlentwicklung verschwinden. Resultat ist eine fatalistische Geschichtsphilosophie, die Geschichte – und damit die Möglichkeit aktiven Eingreifens – nicht mehr kennt.

Die Jahre in Kalifornien sind die fruchtbarsten in Adornos Leben; hier entstehen die Werke, auf die sich sein nach der Rückkehr aus der Emigration stetig zunehmendes Ansehen gründen wird: neben der *Dia-*

Adornos Widmung der «Minima Moralia» für Max Horkheimer

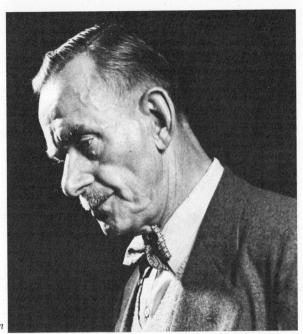

Thomas Mann

lektik der Aufklärung die Minima Moralia und die Philosophie der neuen Musik, diese verstanden als *ausgeführter Exkurs zur «Dialektik der Aufklärung»*. Die Zwölftontechnik *fesselt die Musik, indem sie sie befreit... Hat die Phantasie des Komponisten das Material dem konstruktiven Willen ganz gefügig gemacht, so lähmt das konstruktive Material die Phantasie. Vom expressionistischen Subjekt bleibt die neusachliche Unterwürfigkeit unter die Technik.*[241] Die Dialektik der Aufklärung wirkt sich in der Musik in einer Sterilität aus, die nur noch, nach Adornos Überzeugung, durch die Souveränität Schönbergs überwunden werden kann oder durch eine Genialität, die des Teufels ist (so im «Doktor Faustus» von Thomas Mann, der aus Adornos Manuskript zahlreiche Anregungen bezog).

Sterilität und Lähmung aber bedrohen die Musik nicht nur von seiten der Zwölftontechnik, sondern auch auf Grund des Prinzips der Negativität, auf das Adorno alle Kunst festzulegen versucht. Unter dem Gebot der unbedingten Negation werden nun selbst Alban Bergs Opern verworfen, weil die *Sicherheit der Form* sich als *Medium der Absorption von Schocks* erweise; der Satz *«Wozzeck» ist ein Meisterwerk*[242] wird zur ver-

117

nichtenden Kritik. Aus dieser Gesinnung der unbedingten Verpflichtung der Kunst auf das Leiden der Opfer geht wenige Jahre später der Satz hervor, nach Auschwitz ein Gedicht zu schreiben sei barbarisch.[243] Damit aber ist die weitere Produktion von Kunst nicht nur in Frage gestellt, sondern eigentlich unmöglich geworden. In der Konsequenz des Versuchs, die Kunst von allen ideologischen und affirmativen Momenten zu befreien, ist in der Tat beschlossen, daß zuletzt die Form als solche der Kritik verfällt; ihrem Begriff nach bedeutet Form immer – auch im «Wozzeck» – Synthesis des Vereinzelten und insofern Zuspruch, Trost, die Illusion eines Sinns selbst dort noch, wo von «Sinn» zu reden Hohn auf die Opfer wäre. Mit dem Ende der Kunst aber hätte sich die Dialektik der Aufklärung vollends durchgesetzt, wie zuvor schon in der Zerstörung der allgemeinen Begriffe: die Vereinzelung und das Leiden würden zwar nicht mehr durch einen falschen Sinnzusammenhang verklärt, aber sie wären zugleich als unwiderruflich und endgültig bestätigt: äußerste Kritik schlüge in äußerste Affirmation um.

Die Wiederherstellung des Kontakts mit der amerikanischen Wissenschaft wird durch Horkheimer in die Wege geleitet, der mit dem einflußreichen und finanzstarken American Jewish Committee übereinkommt, ein umfassendes Forschungsprojekt über Wesen und Ursachen des Antisemitismus, «Studies in Prejudice», durchzuführen. Die Studie *The Authoritarian Personality* soll die Frage beantworten, welche psychischen Dispositionen das Individuum dazu veranlassen, sich der faschistischen Gewaltherrschaft zu verschreiben; der Gefahr, daß in den USA die Demokratie auf ähnliche Weise untergehen könnte wie in Deutschland, soll auf diese Weise rechtzeitig begegnet werden.

Die sozialpsychologische Frage nach dem Verhältnis von Individuum und Ideologie hat endgültig das Problem des Zusammenhangs von Ideologie und Ökonomie abgelöst. Es wird nicht mehr behauptet, der Kapitalismus lasse den Faschismus mit Notwendigkeit zur Herrschaft gelangen, als ausschlaggebende Vermittlungsinstanz wird vielmehr das Individuum angesehen: in ihm entscheidet sich, ob eine Ideologie zum Durchbruch gelangen kann. Aus dieser Verschiebung der Fragestellung erklärt sich im Sprachgebrauch des Instituts die zweideutige Verwendung des Begriffs des Liberalismus: noch in der *Dialektik der Aufklärung*, die ausdrücklich als die theoretische Grundlage des neuen Projekts bezeichnet wird, ist «Liberalismus» die Bezeichnung für einen Zustand, der unvermeidlich in den Faschismus übergehen wird; in der *Authoritarian Personality* dagegen ist der *echte Liberale* der verläßliche Demokrat, der Gegentyp zur autoritären Persönlichkeit. Vermutlich aus diesem Grunde, und um dem in den USA stets wachen Argwohn, das Institut sei kommunistisch unterwandert, nicht neue Nahrung zu geben, erscheint die *Dialektik der Aufklärung* im Jahre 1947 – während die Untersuchungen zur *Authoritarian Personality* im Gange sind – in einem Amsterdamer Verlag.

Aufsehen erregt die Studie, weil in ihr zum erstenmal in den Sozialwissenschaften amerikanische und deutsche Ansätze miteinander vermittelt werden; selbst Kritiker sprechen von «well developed theory»[244] und erkennen die Verbindung von bislang getrennten Methoden an, der quantitativen, die das Material statistisch aufbereitete, und der qualitativen, die den Einzelfall analysierte. Während durch die *group studies* ermittelt werden sollte, welche Meinungen, Haltungen und Werte gewöhnlich Verbindungen miteinander eingehen, sollten die *individual studies* die dem Einzelfall zugrunde liegende Dynamik aufdecken; die Auswertung von Fragebögen hatte die Identifizierung des autoritären Charakters zum Ziel, das Einzelinterview seine Analyse.

Möglich wird die Vermittlung von Empirie und Theorie, von quantitativer Erhebung und qualitativer Interpretation, von «amerikanischer» und «deutscher» Sozialforschung durch die grundsätzliche Orientierung der Studie an der Psychoanalyse. Wie die psychoanalytische Theorie am *Abhub der Erscheinungswelt*, an scheinbar zufälligen, vereinzelten und austauschbaren Reaktionsweisen des Subjekts ansetzt, so bezieht sich auch die Studie über die autoritäre Persönlichkeit auf die Äußerungen der Versuchspersonen (weiße, nichtjüdische Amerikaner der Mittelklasse): insofern stimmt sie mit der subjektivistischen Ausrichtung der empirischen Sozialforschung überein. Aber sie bleibt nicht stehen bei der Erhebung und statistischen Aufbereitung des Materials, sondern formuliert als *major hypothesis*, daß die politischen, ökonomischen und gesellschaftlichen Meinungen eines Individuums häufig ein breites und zusammenhängendes Muster (*a broad and coherent pattern*[245]) bilden, das seinerseits Ausdruck tiefliegender Persönlichkeitsstrukturen sei. Die scheinbare Zusammenhanglosigkeit der Fakten wird also dadurch überwunden, daß sie als Ausdruck psychischer *Bedürfnisse* (*needs*) der *Persönlichkeit* verstanden werden; diese wird ihrerseits nicht aufgefaßt als abstrakte, statische Einheit, sondern als eine dynamische Struktur, die, nach dem psychoanalytischen Modell, einen Ausgleich zwischen den Instanzen Es, Ich und Über-Ich herzustellen hat.

Dieser Ausgleich ist immer gefährdet, er kann mißlingen – dann verliert sich das Subjekt in der Psychose – oder auch nur unter solchen Anstrengungen zustande kommen, daß das Ich durch seine Aufgabe, die von außen auferlegten Verbote und Normen mit den aus dem Es aufsteigenden Triebansprüchen zu vermitteln, ständig überfordert wird und die von ihm selbst nicht aufgelösten Konflikte nach außen verlagert. Das wäre zugleich die Erklärung für die eigentümliche Ambivalenz der autoritären Persönlichkeit, ihre Fügsamkeit gegenüber anerkannten Autoritäten bei gleichzeitiger unnachsichtiger Strenge gegen alles, was sich diesen Autoritäten zu entziehen scheint: der autoritätsgebundene Charakter erkennt die ihm auferlegten Normen an, er vermag ihnen aber nicht gerecht zu werden und vollstreckt sie daher an jenen, die den Vorzug zu genießen scheinen, ihnen nicht unterworfen zu sein. In diesem Sinne wird als die wesentliche Ursache für die Entstehung des autoritären Charakters die *fehlende Integration der moralischen Instanzen... mit dem Rest der Persönlichkeit* angegeben; weil das Über-Ich ein Fremdkörper bleibt – *a foreign body within the personality*[246] –, entwickelt es jene rigiden, automatisierten, zugleich instabilen Züge, die für das Verhalten der autoritären Persönlichkeit charakteristisch sind.

Unter den verschiedenen Skalen, die die Forschungsgruppe entwickelt, um die Anfälligkeit für Ideologien meßbar zu machen, kommt der *F-Skala* (F für Faschismus), die *potentiell antidemokratisches* Verhalten messen soll, besondere Bedeutung zu. Durch empirische, gleichwohl theoriegeleitete Erhebungen (*for every item there was a hypothesis*) wird eine Anzahl von *Variablen* konstruiert, die den Grundzügen des autoritären Charakters entsprechen: Konventionalität, autoritäre Unterwürfigkeit, autoritäre Aggressivität, Unfähigkeit zur Verinnerlichung und Sublimierung, Aberglaube und stereotypes Denken, Verherrlichung von Macht und Härte (*toughness*), Destruktivität und Zynismus, Projektivität und *exaggerated concern with sexual «goings-on»*[247]. Diese *Variablen*, die unschwer als Kondensat des Antisemitismus-Kapitels der *Dialektik der Aufklärung* zu erkennen sind, bilden miteinander das autoritäre *Syndrom*, dessen Ausmaß, in einem weiteren Schritt, dadurch ermittelt wird, daß zahlreiche Aussagen formuliert werden, zu denen die Versuchspersonen Zustimmung bzw. Ablehnung, abgestuft nach Intensitätsgraden, äußern können. Diese Aussagen sind so gehalten, daß sie niemals direkt totalitär oder rassistisch bzw. antisemitisch sind; sie enthalten in der Regel zumindest ein rationales Moment, so daß der Versuchsperson immer ein *Ausweg* bleibt, ihre Einstellungen vor dem Interviewer und vor sich selbst zu legitimieren. Mit dieser Konstruktion der Items soll der Tatsache Rechnung getragen werden, daß «Demokratie» in der öffentlichen Meinung der USA ein unantastbarer Wert ist, den offen zu negieren selbst der fanatischste Agitator sich nicht leisten könnte; schon in seiner (1943 entstandenen) Analyse der Reden des Predigers Martin Luther Thomas hatte Adorno das Bonmot eines amerikanischen Publizisten zitiert, daß, sollte sich der Faschismus in Amerika durchsetzen, dies nur unter dem Etikett «Antifaschismus» geschehen könnte.[248]

Die Auswertung der Fragebögen ergibt, daß sich gerade die Arbeiter als besonders anfällig für das faschistische Potential erweisen: die Zahl der der Arbeiterschaft zugehörigen *high scorer* (der Personen, die die höchsten Werte auf der F-Skala erreichen) wird nur noch durch die Gruppe der Gefängnisinsassen von San Quentin übertroffen. (Die Ergebnisse der etwa gleichzeitig vom Institut durchgeführten «Labor

THE AUTHORITARIAN PERSONALITY

by
T. W. ADORNO
ELSE FRENKEL-BRUNSWIK
DANIEL J. LEVINSON
R. NEVITT SANFORD

in collaboration with

BETTY ARON, MARIA HERTZ LEVINSON
AND WILLIAM MORROW

Studies in Prejudice
EDITED BY MAX HORKHEIMER
AND SAMUEL H. FLOWERMAN

Erstausgabe,
1950

HARPER & BROTHERS · NEW YORK

Study», die die Verbreitung antisemitischer Tendenzen unter den Arbeitern zum Gegenstand hat, werden vorsichtshalber erst gar nicht veröffentlicht.) Jedenfalls kann Adorno seine schon früh geäußerte Kritik an allen Versuchen, die richtige politische Praxis auf dem Klassenbewußtsein des Proletariats zu begründen, nun auch durch empirische Erhebungen bestätigt finden. Nachdem dergestalt die Bedeutung der ökonomischen Strukturen für die Bewußtseinsbildung relativiert ist – wären sie ausschlaggebend, so wäre das Proletariat gegen die seine Unterdrückung befestigende faschistische Ideologie immun –, gibt es für die Autoren der Studie keinen Zweifel mehr an der Notwendigkeit, das totalitäre *Potential* in der Persönlichkeit zum Hauptgegenstand der Untersuchung zu machen, also die *psychologischen Aspekte des Faschismus*[249].

Das durch die empirischen Erhebungen gewonnene Material wird ergänzt durch eine Reihe von *klinischen* Einzelinterviews solcher Versuchspersonen, die, als *high* bzw. als *low scorer*, den Extremen der F-Skala zugeordnet worden waren. Diese ausschließliche Orientierung an den Extremen, die unter amerikanischen Wissenschaftlern Befremden hervorruft, entspringt dem Bestreben, das Material nicht in eine Vielzahl von Einzeldaten aufzulösen, sondern es in einer Reihe anschaulicher, plastisch profilierter *Typen* zu *konstruieren*. Indem die disparatesten Meinungen und Ideologiefetzen zu *meaningful continuities*[250] – vergleichbar Benjamins «Konstellationen» – zusammengefaßt werden, wird der in der *Dialektik der Aufklärung* vorgetragenen Kritik am Zerfall der Allgemeinbegriffe Rechnung getragen: Kritik an der Realität ist nur solange möglich, als diese nicht durch eine sich selbst zersetzende Aufklärung in kleinste Partikel zerfällt. Hatte die F-Skala die Funktion, die Anfälligkeit für totalitäres Denken meßbar werden zu lassen, so sollen nun, durch die Konstruktion von *Typen*, die abstrakten Daten anschaulich vergegenwärtigt werden. Nur dort kommt die volle Erkenntnis zustande, wo Anschauung und Begriff zusammentreten.

Unter diesem Aspekt ist es von besonderer Bedeutung, daß die in den letzten Jahren des Exils entstandenen Arbeiten Adornos, *Minima Moralia* und *Authoritarian Personality*, an nicht wenigen Stellen aufeinander verweisen: die ästhetische, im Bild befangen und insofern unbegriffen bleibende Erkenntnis wird mit dem Begriff vermittelt, ihr Wahrheitsgehalt, der unter dem Vorbehalt gestanden hatte, auf das wahrnehmende Subjekt beschränkt – «zu subjektiv» – zu sein, wird als Innervation eines objektiven Sachverhalts erkennbar.

Früh in der Kindheit sah ich die ersten Schneeschaufler in dünnen schäbigen Kleidern. Auf meine Frage wurde mir geantwortet, das seien Männer ohne Arbeit, denen man diese Beschäftigung gäbe, damit sie sich ihr Brot verdienten. Recht geschieht ihnen, daß sie Schnee schaufeln müssen, rief ich wütend aus, um sogleich fassungslos zu weinen.[251] Diese Erinnerung aus der Kindheit, die in den *Minima Moralia* als unaufgelöstes Rätsel oder als überspannte Reaktion eines verwöhnten Knaben stehen bleibt, findet in dem soziologischen Werk ihr theoretisches Gegenstück unter dem Stichwort *No Pity for the Poor*. Wie die empirischen Untersuchungen ergeben haben, so wird hier ausgeführt, ist ein wesentlicher Charakterzug des autoritätsgebundenen *high scorer*, daß er sich gegenüber den Armen und Erfolglosen als außerordentlich verhärtet erweist. Zur Genese dieser Haltung heißt es, sie rühre aus der ursprünglichen Bereitschaft der Kinder her, sich mit den Armen zu identifizieren, nicht zuletzt deshalb, weil ihr sozialer Status in der Welt der Erwachsenen dem des Armen in der Wohlstandsgesellschaft vergleichbar sei. *Diese Identifikation wird schon früh dem Aufstiegsdenken zuliebe unterdrückt... Sie projizieren nun die «Strafe», die sie einst für ihr Mitleid erfahren haben, auf die Ärmsten, indem sie diesen selbst die Schuld an ihrem Elend zuschreiben.*[252] Bezieht man diesen Befund auf die in den *Minima Moralia* festgehaltene Kindheitserinnerung, so erweist sich der scheinbar ganz mitleidlose Ausbruch des Kindes als ein Versuch, sich den Normen der Erwachsenenwelt anzupassen, ohne daß ihm dies gelänge; sein fassungsloses Weinen gleich darauf ist Ausdruck der Scham, diese Anpassung dennoch versucht zu haben.

Dieses Verhältnis von ästhetischem Bild und theoretischer Durchdringung ist der eigentliche Kern von Adornos Denken: der Versuch, die selbstverständlichen, gar nicht mehr bewußt vollzogenen Verhaltensweisen, in denen sich das gesellschaftliche Unwesen im Individuum durchsetzt, ins Bewußtsein zu heben und damit ihre blinde Zwangsläufigkeit zu durchbrechen. Darüber hinaus aber ist für Adornos Vorgehen charakteristisch, daß das Verhältnis von Bild und Begriff nicht etwa einsinnig verstanden wird: nicht nur wird durch Theorie der Wahrheitsgehalt des Bildes für die diskursive Erkenntnis erschlossen, sondern es gilt ebenso, daß Theorie gar nicht zu wesentlichen Einsichten gelangen könnte, wenn sie nicht vor dem Hintergrund einer reichen, subjektiv vermittelten Bilderwelt entwickelt würde.

Daher ist Adorno bei der «qualitativen» Auswertung der Einzelinterviews ganz in seinem Element, wie es auch nicht wundernimmt, daß manche «Typen» unversehens zum Portrait zu werden scheinen: der *Easy going low scorer*, der aller Autorität mit Skepsis, sich selbst mit leicht melancholisch eingefärbter Ironie begegnet, gleicht mitunter dem Portrait Alban Bergs, und vollends wird die gescheite, attraktive (*a handsome brunette with dark, flashing eyes*) und charmante Studentin von den Interpretationen des spürbar hingerissenen Adorno förmlich umworben[253], als gelte es, aus ihren Äußerungen nicht den Typ des *Genuine Liberal* zu konstruieren, sondern eine Art Huldigung darzubringen, vergleichbar jener *Huldigung an Zerlina*, in der der späte Adorno, das *Bilderverbot* einmal vergessend, wohl seine persönlichste Utopie[254] ausgemalt hat.

Eine offene Frage aber bleibt, ob in der Studie über die autoritäre Persönlichkeit Empirie und Theorie tatsächlich so vollständig, einander korrigierend, miteinander vermittelt sind, wie Adorno dies im Rückblick immer wieder behaupten wird. Bedenkt man, daß die in der *Dialektik der Aufklärung* entwickelten Thesen die empirischen Fragestellungen prägen, ohne von diesen jemals auch nur in Frage gestellt zu werden, so erscheint die Bemerkung, die Empirie verhalte sich gegenüber der Theorie wie der Ehemann «who just answers ‹Yes, dear› to all the bright suggestions» made by his wife»[255], zumindest nicht als abwegig. Nicht ohne Folgen bleiben schließlich auch die von dem Interpreten selbst gehegten massiven Vorurteile. So wird die Versuchsperson, die die einfache Wahrheit zu bedenken gibt, daß das Diktat von Versailles – «They received an unfair peace after the last war»[256] – eine der Ursachen für den Sieg des Nationalsozialismus war, unverzüglich dem autoritären Lager zugeschlagen; und die Spekulation über einen Zusammenhang zwischen faschistischer Hierarchie und der hierarchischen Struktur der katholischen Kirche – *It is not accidental that Nazism arose in Southern Germany with its strong Roman-Catholic tradition*[257] – hat außer der Leerformel *es ist nicht zufällig* keine andere Grundlage als die krasse

Ignoranz der Fakten: wäre der Autor nicht unerschütterlich in seinem etwas einfältigen Vorurteil befangen, so hätte er sich leicht darüber belehren können, daß der Nationalsozialismus in überwiegend protestantischen Gegenden sehr viel rascher an Boden gewonnen hatte als in den katholischen Teilen Deutschlands; offenbar waren also gerade die Menschen, die einer intakten religiösen Überlieferung verbunden waren, weniger auf die Pseudoordnung der faschistischen Ideologie angewiesen.

Ungeachtet aller Einwände gegen Anlage und Methode aber ist mit der Studie über die autoritäre Persönlichkeit ein Verfahren entwickelt, diffuse gesellschaftliche Prozesse, die gleichsam unter der Oberfläche fortwuchern, dingfest zu machen. Gewiß hatte Adorno auch ein Stück Anpassung an die amerikanischen Gegebenheiten vollziehen müssen: so konnte das Antisemitismus-Kapitel zwar zur theoretischen Grundlegung der Studie werden, der hemmungslose Pessimismus dagegen, der die *Dialektik der Aufklärung* insgesamt prägt, wäre innerhalb der amerikanischen Wissenschaft undenkbar, zu schweigen von einer Vernunftkritik, die sich von der Wissenschaft insgesamt lossagt: und mit Sicherheit wäre die die Studie über die autoritäre Persönlichkeit einleitende Bemerkung, man suche nicht die Wahrheit der Gesellschaft schlechthin, sondern beschränke sich auf einen bestimmten Bereich, die psychologischen Aspekte des Faschismus[258], an jedem anderen Ort unnachsichtig als «wissenssoziologisch» verdammt worden. (Der eifernde Haß gegen die Wissenssoziologie geht ursprünglich wohl darauf zurück, daß Horkheimer an der Frankfurter Universität sich gegen den bedeutenden Karl Mannheim profilieren mußte; dieser Affekt, von Adorno gehorsam weiter kultiviert, führte zu dem unwürdigen, auch in der Nachkriegszeit durchgehaltenen Versuch, Norbert Elias und sein grundlegendes Werk «Über den Prozeß der Zivilisation» totzuschweigen, obwohl hier auf eindringlichste Weise dargelegt wird, wie es zu der *verwalteten Welt*, die Adorno als Schlagwort so gern im Munde führt, hatte kommen können.) Im ganzen sind diese vorsichtigen Anpassungen an den amerikanischen Wissenschaftsbetrieb Adornos Denken zweifellos glänzend bekommen, da sie seiner Tendenz, sich auf reine Theorie zurückzuziehen, ohne den damit verbundenen Wirklichkeitsverlust überhaupt zu bemerken, heilsam entgegenwirkten.

Die Absicht, sobald wie möglich nach Deutschland zurückzukehren, wird durch diese Entwicklung natürlich niemals in Frage gestellt. Dabei steht der Wunsch, sich in der eigenen Sprache auszudrücken, immer im Vordergrund; nach Adornos Überzeugung ist nur die deutsche Sprache – darin besteht ihre Affinität zur philosophischen Spekulation – *fähig... etwas an den Phänomenen auszudrücken, was in ihrem bloßen Sosein, ihrer Positivität und Gegebenheit nicht sich erschöpft.* Hinzu kommt, daß ein Verleger ihm ein Manuskript zurückgibt mit der Bemerkung, es sei «badly organized». *Ich sagte mir, in Deutschland würde mir das wenigstens, trotz alles Geschehenen, erspart bleiben.*[259]

Soziologie und empirische Forschung

Im Sommer 1949 wird Horkheimer auf seinen alten Lehrstuhl berufen, gegen Ende des Jahres kehren mit ihm Friedrich Pollock und Adorno (als außerplanmäßiger Professor für Philosophie und Musiksoziologie) nach Frankfurt zurück. Die Wiedererrichtung des Instituts (unweit des alten, während des Kriegs zerstörten Gebäudes) erfolgt «durch Zuschüsse amerikanischer Stellen», von seiten der Stadt ist nur noch ein Zuschuß in Höhe von DM 50000 – erforderlich.[260] Am 14. November 1951 wird das Institut eingeweiht; die Feier wird eröffnet mit dem fis moll-Quartett op. 10 von Schönberg, Adorno fällt die Aufgabe zu, im Anschluß an die offiziellen Reden die zahlreichen Glückwünsche aus dem In- und Ausland zu verlesen. Unter Orgelklängen wird, eine Woche später, Horkheimer in sein neues Amt als Rektor der Universität eingeführt. «Die farbigen Roben und Baretts der akademischen Würdenträger und das Lila des Bischofs von Limburg leuchteten an der Spitze der großen Festversammlung.»[261] Im November 1952 kann Rektor Horkheimer den Besuch von Bundeskanzler Adenauer mit den Worten würdigen, er sei ein «Symbol für das Zusammenwirken von Staat und Universität». «Der Schrei nach der Universitätsreform darf nie verstummen und muß eines Tages erfüllt werden»[262], erwidert der Kanzler.

Horkheimer versteht sich meisterhaft auf die Kunst, den zur Legende aus fernen Vorkriegszeiten gewordenen Ruhm des Instituts zur Festigung seiner Position einzusetzen, ohne die nur angedeutete Kontinuität so konkret werden zu lassen, daß sie in den Jahren des Kalten Kriegs Anstoß erregen könnte. Auf die wohlmeinende Zeitungsmeldung «Rektor Max Horkheimer führt Gründung des Frankfurters Dr. Felix Weil weiter» reagiert er umgehend mit der Richtigstellung, bei dem Institut handle es sich um eine «durchaus selbständige Neugründung»[263]. So verhält es sich in der Tat. Der Stiftungscharakter des ursprünglichen Instituts hatte den Sinn, seine Unabhängigkeit sicherzustellen; nun bemüht sich das Institut um Forschungsaufträge der Industrie; so geht etwa die Studie «Betriebsklima» auf einen Auftrag der Firma Mannesmann zurück. Was im Jargon der Zeit «Bewältigung der Vergangenheit» genannt wird, wird von Horkheimer und Adorno auf eigene Art praktiziert: das einzige Exemplar der «Zeitschrift» wird im Keller des Instituts sorgfältig unter Verschluß gehalten.

125

Das zerstörte Institut für Sozialforschung, 1946

Die *Dialektik der Aufklärung* sei vergriffen, ist allgemein zu hören, und so kommt niemand auf den Gedanken, daß die erste Ausgabe in Amsterdam beim Verlag noch jahrelang zu haben ist. Noch Mitte der sechziger Jahre erregt in Frankfurt ein Student, Herr Dill, scheue Bewunderung, weil er ein Exemplar des Buchs, das er sich auf geheimnisvolle Weise verschafft hatte, mit der Schreibmaschine – das Zeitalter der Kopierautomaten war noch nicht angebrochen – vollständig abgetippt hatte. In den kurzen Gelegenheitsarbeiten, auf die Horkheimer seine publizistische Tätigkeit im wesentlichen beschränkt, übt er Kritik an der Gesellschaft wie die Marschallin im «Rosenkavalier» an den Männern: «So ganz im allgemeinen»[264]. Seine politische Abstinenz gibt er erst im Sommer 1960, als die Präsidentschaft Eisenhowers zu Ende geht, anläßlich einer mißverständlichen Karikatur auf: durch einen langen, zornigen Brief versetzt er die völlig verdatterte Redaktion der «Frankfurter Allgemeinen Zeitung» – «Ihr Brief hat uns beunruhigt»[265] – in die ungewohnte Zwangslage, sich gegen den Vorwurf des Antiamerikanismus verteidigen zu müssen.

Adorno hat es nicht vermocht, sich mit der gleichen Selbstverständlichkeit wie Horkheimer in der Nachkriegsgesellschaft zu etablieren; vielleicht hat es deshalb nur zur Goetheplakette gereicht, nicht zum Goethepreis oder gar zur Ehrenbürgerschaft (sie blieb Horkheimer vorbehalten) seiner Vaterstadt, an der er mit verschämt unausgesprochener Liebe hing. Wenn er *trotz alles Geschehenen* nach Deutschland zurückkehrt, so gibt er doch nie die mißtrauische Distanz auf zu der Selbstverständlichkeit, mit der in Deutschland nach der jahrelangen Herrschaft des Ungeistes der Geist wieder in seine Rechte eingesetzt wird. Das Unbehagen an der *falsch auferstandenen Kultur*[266] wird ihn für den Rest seines Lebens nicht mehr verlassen und setzt seiner Integration in die Nachkriegsgesellschaft die Grenze. Und er hält, im Gegensatz zu dem an soziologischer Forschung kaum noch interessierten Horkheimer, an dem Vorsatz fest, die in der Studie über die autoritäre Persönlichkeit entwickelte Vermittlung von Theorie und Empirie weiterzuführen. Das deutsche Gegenstück hierzu wird das unter dem Stichwort «Gruppendiskussion» entwickelte Verfahren, das Bewußtsein der Bevölkerung im Hinblick auf die jüngste Vergangenheit zu durchleuchten. Der grundlegende Gedanke hierbei ist, daß, wenn in einer Gruppe von (einander unbekannten) Versuchspersonen durch einen Reiz, etwa eine Aussage über die Schuld am Ausbruch des Krieges, eine Diskussion ausgelöst wird, sich alsbald eine Dynamik einstellt, die die Teilnehmer veranlaßt, mehr von ihren wirklichen Einstellungen preiszugeben, als sie es auf direktes Befragen hin getan hätten.

In welchem Ausmaß Adorno von den Methoden der amerikanischen Sozialwissenschaften beeinflußt ist, zeigt seine programmatische Rede *Zur gegenwärtigen Stellung der empirischen Sozialforschung in Deutschland* (1952). Der spezifisch deutschen, am Begriff des Geistes orientierten Soziologie, zu deren typischen Ausprägungen etwa der von Ferdinand Tönnies hervorgehobene Gegensatz von (negativ bewerteter) «Gesellschaft» und (zu bejahender) «Gemeinschaft» zählt, wird von Adorno strikt zurückgewiesen: Soziologie sei keine Geisteswissenschaft, sie habe es vielmehr mit konkret bestimmbaren gesellschaftlichen Prozessen zu tun.

Das neu errichtete Institut, Senckenberganlage 23

Adorno geht so weit, selbst den Marktanalysen, die er in Amerika als Produkte einer heteronomen, dem Profitinteresse dienenden Wissenschaft verworfen hatte, eine *objektive, in der Sache gelegene Beziehung zur Aufklärung*[267] zuzuschreiben. Sein altes Steckenpferd, die Kritik am Idealismus, und auch Lust an der Provokation mögen dazu beitragen, daß er sogar den subjektivistischen Ansatz der amerikanischen Wissenschaft stillschweigend rehabilitiert: *Wir wissen, daß sie* – die zum Zwecke der «Meinungsforschung» Befragten – *auch dann Menschen mit der Möglichkeit freier Selbstbestimmung und Spontaneität bleiben, wenn sie in ihnen selber undurchsichtige Zusammenhänge eingespannt sind.*[268] Mit diesem Satz, in dem von dem in späteren Jahren düster beschworenen *universalen Verblendungszusammenhang* noch nichts zu spüren ist, hat sich Adorno auf einen sehr weit vorgeschobenen Posten begeben: die am Ende des Vortrags in Anspruch genommene *Einheit von Theorie und Praxis*[269] müßte, das wird hier ein einziges Mal absehbar, nicht unbedingt eine ohnmächtige Wunschvorstellung bleiben, sondern könnte verwirklicht werden in einem Prozeß der Aufklärung, in dem den fehlbaren und bedingten Menschen nicht von vornherein keine Chance gegeben wird, weil sie auf die unbedingte Utopie eingeschworen werden sollen. *Die Menschen, keiner ausgenommen, sind überhaupt noch nicht sie selbst*[270]: dieser Satz aus der *Negativen Dialektik* mag vielleicht die Utopie rein bewahren, aber er nimmt ihr auch jene Konkretheit und jene Farbe, die sie ausgezeichnet hatten, wo Adorno sich auf die Empirie eingelassen hatte. Daß die College-Studentin «noch nicht sie selber» sei, wäre ihm seinerzeit wohl nicht eingefallen. Beim späten Adorno ist die Utopie antiutopisch geworden.

Natürlich wird der Vorrang der Theorie auch in dem Plädoyer für seine empirisch verfahrende Sozialforschung nicht in Frage gestellt. *Die Totalität, die alles Einzelne prägt, läßt sich an jedem Einzelnen diagnostizieren, aber aus keinem beweisen ... Durch die Empirie wird keineswegs die allgemeine, zugrunde liegende Theorie verifiziert.*[271] Korrigiert werden durch empirische Befunde allenfalls einzelne Annahmen; Adornos Standardbeispiel – das einzige, immer wieder angeführte – ist die während der Arbeit an *Authoritarian Personality* gewonnene Einsicht, daß gerade die «braven» Kinder, die sich der Schule nicht widersetzen, am wenigsten auf Autorität und Vorurteile fixiert sind.

Um das Verhältnis von Gesellschaftstheorie und Empirie wird es auch in dem von Adorno aufwendig inszenierten «Positivismusstreit» der sechziger Jahre gehen. Die von Adorno vorausgesetzte gesellschaftliche *Totalität*, die die einzelnen Daten erst dazu bringe *zu sprechen*[272], wird von Karl Popper schlechthin geleugnet; vielmehr sei jeder einzelne theoretische Satz daraufhin zu überprüfen, ob er der «Verifikation» durch die Empirie standhalte. Annäherung an die Wahrheit ist für Popper nur als eine Folge von derart gesicherten Schritten denkbar. Die Erbitterung, mit der der Streit ausgefochten wird, dürfte ihren Grund in den politischen Konse-

Rektor Horkheimer mit Bundeskanzler Adenauer

quenzen der unterschiedlichen philosophischen Ansätze haben: in Poppers Augen kann die «offene Gesellschaft» (wie er die Demokratie nennt) nur dann Bestand haben, wenn Art und Zahl der Schritte, durch die sich die Annäherung an die Wahrheit vollzieht, offengehalten werden, was durch eine immer vorausgesetzte gesamtgesellschaftliche Theorie gerade verhindert werde; für Adorno dagegen wird durch Poppers Ansatz eine Veränderung der Gesellschaft schlechterdings undenkbar, da durch die Forderung nach empirischer «Verifizierung» der Theorie das schlechte Bestehende immer das letzte Wort behalte.

Bei der Entschiedenheit, mit der Adorno in dem Vortrag von 1952 für die empirische Forschung eintritt, scheint dem in einem kurzen Exkurs zu Freud enthaltenen Vorbehalt kaum besonderes Gewicht zuzukommen. *Die Freudsche Theorie ist an Einzelfällen ohne jede statistische Breite entwickelt worden und hat sich deshalb ... jahrzehntelang den Vorwurf der ungerechtfertigten Generalisierung gefallen lassen müssen. Heute, da man*

129

Karl Popper

Erhebungen auf Grund des psychoanalytischen Bezugssystems durchführt, strukturiert sich das Erhebungsmaterial im Sinne der Theorie.[273] Tatsächlich aber ist in diesen Sätzen bereits die Art des Rückzugs angedeutet, den Adorno schon bald antreten wird: in Freuds theoretischem Entwurf sieht er die Bestätigung seines – von Benjamin übernommenen – Anspruchs, aus dem Besonderen, der *Monade*, die Totalität zu konstruieren. Mit der aus der Emigration mitgebrachten Aufgeschlossenheit für empirisches Arbeiten geht es denn auch rasch zu Ende, als Adorno, um seine amerikanische Staatsbürgerschaft nicht zu verlieren, 1952 für ein Jahr widerstrebend nach Kalifornien zurückkehrt.

Der Kontakt mit dem Institut ist unterbrochen, in der Klinik des Psychoanalytikers Friedrich Hacker, wo er als Research Director tätig sein soll, sieht er sich außerstande, empirische Untersuchungen zu organisieren. Mit der Studie *The Stars Down to Earth*, einer Analyse von Zeitungshoroskopen, begrenzt Adorno das Feld empirischer Untersuchungen wieder auf den eigenen Schreibtisch; kein einziger Leser wird befragt, das Material wird ausschließlich einigen Ausgaben der «Los Angeles Times» entnommen. Den Rest besorgt die fertige Theorie. So entsteht der Eindruck, es gehe dem Autor weniger um den Gegenstand als um die Gelegenheit, seine (im wesentlichen aus der *Dialektik der Aufklärung* und der *Authoritarian Personality* bereits bekannten) Gedanken über Individuum und Gesellschaft assoziativ auszubreiten. An Stelle der Horoskope hätten ebensogut Schlagertexte herangezogen werden können: die theoretischen Schlußfolgerungen wären, mehr oder weniger, die gleichen gewesen.

Theorie und Praxis

Im Herbst 1953 ist Adorno wieder in Frankfurt. *Seither bin ich nicht mehr in Amerika gewesen.*[274] Der Impuls zu empirischer Forschung ist verpufft. Adorno ersetzt den Gedanken einer Vermittlung von Empirie und Theorie durch die Alternative, daß jede empirische Soziologie *zu wählen hat zwischen der Zuverlässigkeit und der Tiefe ihrer Befunde*[275]. Solcherart durch sich selbst in die Entscheidung gestellt – bei jeder anderen Gelegenheit wäre eine solche Gegenüberstellung als undialektisch vernichtend kritisiert worden –, wählt Adorno die *Tiefe*; schließlich wird er auf empirisch gewonnenes Material ganz verzichten. Nur fünf Jahre nach seinem energischen Eintreten für empirische Forschung gibt er die inzwischen vollzogene Kehrtwendung unmißverständlich zu Protokoll: *Eine jede Ansicht von der Gesellschaft als ganzer transzendiert notwendig deren zerstreute Tatsachen. Die Konstruktion der Totale hat zur ersten Bedingung einen Begriff von der Sache, an dem die disparaten Dinge sich organisieren.*[276] Dieser Begriff aber, die Tauschabstraktion, entzieht sich der Erfassung durch die Methoden empirischer Forschung. *Das Gesetz, nach dem die Fatalität der Menschheit abrollt, ist das des Tausches. Das aber ist selber keine bloße Unmittelbarkeit, sondern begrifflich: der Tauschakt impliziert die Reduktion der gegeneinander zu tauschenden Güter auf ein ihnen Äquivalentes, Abstraktes, keineswegs ... Materielles.*[277] Empirischer Forschung ist damit der Boden entzogen, sie reicht grundsätzlich nicht an die auf dem Begriff der Tauschabstraktion begründete und im Laufe der Zeit mehr und mehr auf ihn reduzierte Theorie heran. Im Wesen der Tauschabstraktion ist beschlossen, was der späte Adorno immer nachdrücklicher als *Bann*, als *totalen Verblendungszusammenhang* bezeichnen wird: *Der Tauschwert, gegenüber dem Gebrauchswert ein bloß Gedachtes, herrscht über das menschliche Bedürfnis und an seiner Stelle; der Schein über die Wirklichkeit ... Zugleich aber ist jener Schein das Allerwirklichste, die Formel, nach der die Welt verhext ward.*[278] Da alle unter der Herrschaft des Tauschprinzips stehen, gilt als letzte Konsequenz, daß *die Menschen noch keine sind*[279]. Mit diesen Formulierungen ist jener *Begriff* der *Totale* umrissen, nach dem sich jede einzelne Analyse zu strukturieren hat.

Angesichts der Verfälschung und Abstrahierung alles Daseienden

Adorno am Flügel in seiner Wohnung, 1967

durch das Tauschprinzip komme alles darauf an, *dessen inne* zu *werden, was das betrachtete Phänomen von sich aus sein will*[280]. Der Begriff der *Erfahrung* nimmt daher in der Spätphilosophie Adornos eine Schlüsselstellung ein: nur durch *Erfahrung*, durch lebendiges Mitvollziehen des

Phänomens kann der Tauschabstraktion entgegengewirkt werden. Inbegriff von Erfahrung aber ist das Kunstwerk; es allein ist von der Herrschaft des Tauschprinzips ausgenommen, aber nur dann, wenn sein spezifisches Formgesetz unbedingt geachtet wird. Gibt das Kunstwerk im geringsten seine Autonomie preis, so wird es zur Funktion in einem Zusammenhang, der nicht in ihm selbst begründet ist. Adornos frühe Abneigung gegen «engagierte», einem bestimmten politischen Ziel verpflichtete Kunst wird immer aufs neue bekräftigt, so etwa, wenn auch mit einer verunglückten Metapher, in dem Aufsatz *Engagement* von 1962: *Kunst heißt nicht: Alternativen pointieren, sondern, durch nichts anderes als ihre Gestalt, dem Weltlauf widerstehen, der den Menschen immerzu die Pistole auf die Brust setzt.*[281] Da nur in den Kunstwerken die Phänomene ihrer immanenten Gesetzlichkeit folgen, orientiert Adorno seinen Begriff richtiger politischer Praxis an der Erfahrung des Ästhetischen: das autonome Werk soll Vorschein einer autonomen Menschheit in einer freien Gesellschaft sein.

Von dieser Fundierung politischer Praxis auf Kunst geht die Faszination aus, die Adorno seit den späten fünfziger Jahren – neben seinem Antipoden Heidegger – zur beherrschenden Gestalt im kulturellen Leben der Nachkriegszeit werden läßt; insbesondere auf junge Menschen kann ein Praxisbegriff, der an Kompromißlosigkeit den Werken der radikalen Moderne nicht nachsteht, seine Wirkung nicht verfehlen. Aber auch die Katastrophe, der Adorno während seines letzten Lebensjahres hilflos gegenüberstehen wird, ist hier schon angelegt. Denn die Ästhetisierung der Praxis läuft auf ihre Selbstaufhebung hinaus; es gehört zum Wesen verändernder Praxis, daß sie, indem sie in Funktionszusammenhänge eingreift, jener Unbedingtheit, die das autonome Kunstwerk auszeichnet, nicht mehr zu genügen vermag. Praxis, auch die «richtige», bleibt immer partikular und damit bedingt; die absolute Praxis wäre nicht länger Praxis, sondern Erlösung. Auf die scherzhaft gemeinte Frage «... und was spricht eigentlich gegen Sie?» in der Silvesterausgabe einer Zeitung zum Jahreswechsel 1966/67 antwortet Adorno: *Daß ich eine steigende Abneigung gegen Praxis verspüre, im Widerspruch zu meinen eigenen theoretischen Positionen.*[282] Der Rückzug auf die Theorie ist schließlich als die einzig richtige Gestalt von Praxis übriggeblieben: um der Praxis willen muß auf Praxis verzichtet werden.

Die Überzeugung, über eine gesamtgesellschaftliche Theorie – die allerdings geschrumpft ist auf das eine Stichwort *Tauschabstraktion* – zu verfügen, veranlaßt Adorno, sozialwissenschaftliche Forschung überhaupt nicht mehr zu betreiben, obwohl er nach wie vor *Erfahrung* als Korrektiv von Verdinglichung und Abstraktion unermüdlich fordert; Erstsemestern schärft er ein, das Studium der Soziologie beginne mit dem genauen Beobachten von Menschen in konkreten Situationen, etwa beim Einsteigen in die überfüllte Straßenbahn: *...ohne das Moment pri-*

133

*Kettenhofweg 123,
der Frankfurter Wohnsitz
der Adornos*

märer soziologischer Erfahrung bildet sich überhaupt keine Einsicht.[283]
Was ihn selbst betrifft, so bleibt allerdings der vermeintliche Besitz einer
Theorie der Totalität nicht ohne Folgen; da Adorno Erfahrungen eigentlich gar nicht mehr brauchen kann, verkümmert die Fähigkeit, aus der in
den *Minima Moralia* noch die gewagtesten Spekulationen ihre innere
Spannung bezogen hatten: die Erscheinungen so extrem zu subjektivieren, daß in ihnen das allgemeine Gesetz, denen sie gehorchen, erkennbar wird. In den späteren Jahren weicht diese spannungsvolle Einheit
von Verfremdung und Evidenz einer oft nur noch banalen Beliebigkeit:
Der Straßenbahnschaffner, der Studenten anherrscht, die Fahrgäste, die
über den mit der automatischen Tür Kämpfenden bemerken: *Der hot
Angst um sei' Rüb'!*, der Autofahrer, der eine Dame am Volant *Dumm'
Sau!* tituliert, schließlich das *Ladenmädchen* im Schuhgeschäft, das auf
die Bemerkung des Kunden, diese Schuhe seien ihm zu weit, gereizt erwidert: *Da muß ich Ihnen recht geben* – sie alle verbreiten nicht nur
Frankfurter Lokalkolorit, sondern lassen den Weg des Philosophen –

134

wohl von der Bockenheimer Warte zur Hauptwache – zu einer Expedition durch den Dschungel des Kapitalismus werden; überall erkennt er *Nuancen* innerhalb der *Mechanismen, die von Herrschaft und Verwaltung, über Kliniken und Kasernen bis zu Gefängnissen und Konzentrationslagern*[284] reichen.

Die Veränderungen, die Adornos Sprache durchmacht, weisen in dieselbe Richtung. Subjektiver Ausdruck erstarrt zu preziösen, immer wiederkehrenden Formeln, zu denen Provinzialismen (aus Wien mitgebracht: *darauf vergessen*) ebenso zählen wie der französischen Syntax entlehnte Konstruktionen (*Er desinteressiert sich daran*), die ein zwar miserables, dafür aber weltläufiges Deutsch ergeben. Daß Adornos von jeher unglückliche Liebe zur Metapher im Laufe der Jahre zum Desaster wird, ist das deutlichste Symptom einer immer wieder verfehlten Vermittlung von Besonderem und Allgemeinem. Seine Metaphern geraten zuweilen etwas dunkel (Haben die Positivisten *die Methode... einmal zum factum brutum zugerichtet, so ist ihm auch nachträglich kein Licht einzublasen*[285]), meistens aber geht es recht bunt und sogar gefährlich zu: *So zieht Weberns Musik vor uns sich zurück; sie sticht in die Hand, die zu eilig danach tastet.*[286] *Die Praxis der gemäßigten Moderne... besteht...*

In seinem Arbeitszimmer im Institut für Sozialforschung

darin, der verleumdeten Atonalität und Zwölftontechnik die Zähne auszubrechen.[287] Soviel zu Hindemith, der aber auch seine Verdienste hat: *Solche Musik zeigte der Kultur die kalte Schulter.*[288] Daß Adorno sich so hartnäckig um die Metapher bemüht, ist nicht etwa eine bloße Marotte, sondern Ausdruck seiner Utopie von Erkenntnis: sich in das Besondere so intensiv zu versenken, daß in ihm das abstrakte Allgemeine in anschaulicher Konkretheit aufscheint. Die Kombination *Weltlauf – Pistole auf die Brust* läßt exemplarisch das Schema erkennen, nach dem die meisten seiner Metaphern konstruiert sind, und daß es dabei so häufig nicht

Als Leiter eines soziologischen Proseminars, 1968

ohne Gewaltsamkeit und unfreiwillige Komik abgeht, verweist nicht nur auf die Grenzen schriftstellerischer Begabung, sondern vor allem auch auf Defizite der Theorie.

Die schon in den fünfziger Jahren einsetzende Stagnation der Theorie fällt zunächst kaum auf, da Adorno jahrelang auf die reiche Produktion während des Exils zurückgreifen kann; *Philosophie der neuen Musik* (1949), *Minima Moralia* (1951), *Versuch über Wagner* (1952) erregen Aufsehen, es kommen hinzu die Aufsatzsammlungen *Prismen* (1955) und das Buch über Husserl (1956). Die neu entstehenden Essays wie

Manuskriptseite der «Ästhetischen Theorie»

etwa *Zum Verhältnis von Soziologie und Psychologie* (1955) und *Theorie der Halbbildung* (1959) sind ausgereifte, sorgfältig formulierte Arbeiten, noch nicht entstellt durch die Hast, mit der der gefragte Redner, der offenbar kaum eine Einladung abzulehnen vermag, in späteren Jahren seine Manuskripte aus immer denselben, allmählich austauschbar werdenden Theoriebausteinen zusammenstellt. Die *Noten zur Literatur*, deren erster Band 1958 erscheint, enthalten die bedeutende *Rede über Lyrik und Gesellschaft*, in der an Hand von Gedichten Mörikes und Georges Adorno eindrucksvoll demonstriert, daß der gesellschaftliche Gehalt von Kunstwerken gerade dort am reinsten hervortritt, wo, wie in der Sprache der Lyrik, die Individuation des Ausdrucks am weitesten vorangetrieben ist. Durch seine äußerst vielfältige musiktheoretische Produktion, die in mehreren Sammelbänden zusammengefaßt wird (*Dissonanzen*, 1956; *Klangfiguren*, 1959; *Quasi una fantasia*, 1963), übt Adorno starken Einfluß auf die musikalische Avantgarde aus; an deren Tagungen in Kranichstein nimmt er regelmäßig teil. 1960 erscheint die Monographie über Gustav Mahler, dessen Versuche einer *Rettung des Formkosmos der abendländischen Musik* durch die Konstruktion der *Trümmer von dessen niedrigster Schicht mit ihren obersten Wahrheitsgehalten*[289] für Adorno schon früh von Bedeutung waren bei der Auseinandersetzung mit den Problemen, die die Kunst im Zeichen des *Nominalismus*, der zerfallenen Formen, aufwirft.

Gegen den während der sechziger Jahre immer häufiger erhobenen Vorwurf, er verweigere sich der Praxis, wird sich Adorno mit dem Hinweis verteidigen, seine 1964 erschienene Abrechnung mit Heidegger und dessen Gefolgschaft, *Jargon der Eigentlichkeit. Zur deutschen Ideologie*, habe ihre Wirkung nicht verfehlt. Tatsächlich verliert bald nach Erscheinen dieser Schrift die weihevolle Sprachsauce, zu der vage religiöse Gestimmtheit, existentialistisches Pathos des Absurden und pädagogisches Gemenschel zusammengeflossen waren, ihre Vormachtstellung, die sie während der fünfziger Jahre in nahezu allen Verlautbarungen gesellschaftlicher Institutionen, von der Kirche bis zur Unternehmervereinigung, behauptet hatte. Adorno setzt bei einigen verbreiteten Begriffen an wie *Auftrag, Begegnung, echtes Gespräch, Anliegen*, aber indem er Sprachkritik übergehen läßt in eine kritische Analyse von Existenzphilosophie und Ontologie, kommt er dem naheliegenden Einwand zuvor, für die Hervorbringungen minderer Geborgenheitsapostel wie Otto Friedrich Bollnow sei nicht der auf strenge Distanz zum «Gerede» haltende Heidegger verantwortlich zu machen. Adornos Kritik zielt daher im wesentlichen auf Heideggers Versuch, das *Endliche als das Absolute* einzusetzen: «Der Tod ist e i g e n s t e Möglichkeit des Daseins. Das Sein zu ihr erschließt dem Dasein e i g e n s t e s Seinkönnen, darin es um das Sein des Daseins schlechthin geht.»[290] Das Nichtige ist zwar das genaue Gegenteil des Absoluten, aber gerade weil es allgegenwärtig und allbeherrschend ist, kann Heidegger es zu höchster metaphysischer Dignität gelangen lassen. Diese einem Taschenspielertrick ähnliche Verabsolutierung des Endlichen aber ist es, die, wie Adorno betont, die Einheit des Jargons ausmacht: wenn die Mitläufer die *Himmelfahrt des Wortes*[291] ver-

Martin Heidegger

anstalten, indem sie noch den trivialsten Begriff mit einer religiösen Aura ausstatten, so verfahren sie nicht anders als Heidegger selbst.

Wenn die befreiende Wirkung des *Jargon der Eigentlichkeit* dadurch zustande kommt, daß sich Adorno dem Zeitgeist gegenüber verhält wie das Kind beim Anblick von des Kaisers neuen Kleidern, so betreibt er doch den Sturz eines Gegners, dessen Zeit ohnehin abgelaufen ist. In den Jahren der Kanzlerschaft Ludwig Erhards, 1963 bis 1966, verfällt die Ära Adenauer sehr rasch, die schwere Rezession bringt eine Ordnung ins Wanken, die auf wenig mehr als auf dem Gedanken wirtschaftlichen Wachstums gegründet war. Das «Haus der Begegnungen» weicht der «Mehrzweckhalle», die nicht nur in Hessen zum Symbol eines technokratisch verödeten Kulturverständnisses wird. Schon zuvor hatte in Frankfurt der von Horkheimer zum Leiter des Universitätsbauamtes bestellte, seine Unfähigkeit durch pseudodemokratische Verlautbarungen überspielende Architekt Ferdinand Kramer damit begonnen, Institutsgebäude im Stil von Gefängnisbauten zu errichten: die Brutalität und Primitivität dieser Architektur, durch die das Universitätsviertel zu einem Schandfleck der Stadt wird, hat mit Sicherheit zu den Ausbrüchen von Gewalt und Vandalismus im Gefolge der Studentenbewegung nicht wenig beigetragen.

Als die *Negative Dialektik* kurz nach dem *Jargon* (der von Adorno ursprünglich als ein Kapitel des umfangreichen Werks konzipiert war) erscheint, wird bereits absehbar, daß Adorno mit einer Zeit, deren Zeichen auf Veränderung weisen, in Konflikt geraten wird. Schon mit dem ersten Satz – *Philosophie, die einmal überholt schien, erhält sich am Leben, weil der Augenblick ihrer Verwirklichung versäumt ward*[292] – legt er Philosophie auf die theoretische Reflexion fest, als wolle er sich schon im voraus von all denen distanzieren, die sich bei ihrer Forderung nach radikalen politischen Veränderungen auf sein Werk berufen werden. *Denken heißt identifizieren... Dialektik ist das konsequente Bewußtsein von Nichtidentität. Sie bezieht nicht vorweg einen Standpunkt... beim Begriffslosen, Einzelnen und Besonderen... Diese Richtung der Begrifflichkeit zu ändern, sie dem Nichtidentischen zuzukehren, ist das Scharnier negativer Dialektik. Vor der Einsicht in den konstitutiven Charakter des Nichtbegrifflichen im Begriff zerginge der Identitätszwang, den der Begriff ohne solche aufhaltende Reflexion mit sich führt.*[293] Die *Negative Dialektik* bekräftigt die Grundpositionen der *Dialektik der Aufklärung* mit dem Ziel, die dort erhobene Forderung nach *Selbstreflexion* des Denkens einzulösen. Offensichtlich ist hierdurch für Adorno der Rückzug auf die reine Philosophie legitimiert: in einem unendlichen Reflexionsprozeß werden die überlieferten Begriffe der Philosophie so lange in sich differenziert, bis sie in der Tat, wie musikalische «Klangfiguren», zum Identifizieren nicht mehr taugen. Die Philosophie, die Adorno vorschwebt – sie ist *nicht referierbar*[294], es geht in ihr nicht um Ergebnisse, sondern um die Reflexion als *Kraftfeld* –, ist von Musik nicht mehr zu unterscheiden. Die Selbstreflexion des Denkens fällt schließlich mit seiner Selbstauflösung zusammen, am Ende stehen Konstellationen von Begriffen, nicht unähnlich Hanslicks «tönend bewegten Formen»[295], so autonom, aber auch so weit entfernt von aller Praxis wie eine Symphonie.

«Vietnam» läßt die latente Unruhe an den Universitäten zum Aufruhr werden. Nach der Bildung der Großen Koalition gibt es eine Opposition nur noch als außerparlamentarische (ApO); sie formiert sich auf der Straße. Am 24. Mai 1967, kurz nach dem Brand des Brüsseler Kaufhauses L'Innovation, verteilt in Berlin die Kommune I Flugblätter, die als Aufforderung verstanden werden können, als Fanal der Revolution weitere Warenhäuser in Flammen aufgehen zu lassen. Am 2. Juni wird in

Berlin der Student Benno Ohnesorg bei einer Demonstration gegen den Besuch des Schahs von Persien erschossen. Der Prozeß gegen die Kommunemitglieder Rainer Langhans und Fritz Teufel beginnt am 6. Juli; Adornos Weigerung, durch ein Gutachten die These des Verteidigers Horst Mahler zu bestätigen, bei den Flugblättern habe es sich um «Satire» gehandelt, hat zur Folge, daß er am 7. Juli an der Freien Universität seinen Vortrag *Zur Klassizität von Goethes «Iphigenie»* erst nach heftigen Protesten halten kann; hinterher wird einer Studentin der aufgebla-

1967

Mit Heinrich Böll und dem Verleger Siegfried Unseld bei einer Protestkundgebung gegen die Notstandsgesetze, Mai 1968

sene rote Teddybär, den sie Adorno überreichen will, aus der Hand geschlagen; er hilft ihr, den Popanz, Ausdruck einer eigentümlichen Mischung von Zuneigung und Protest, auf dem Fußboden zu erhaschen. Das Jahr 1968 steht im Zeichen des Attentats auf Rudi Dutschke, des Pariser Mai, des erbitterten Widerstands gegen die Verabschiedung der Notstandsgesetze. Ende Mai wird die Frankfurter Universität erst geschlossen, dann von Studenten unter der Führung von Adornos Doktoranden Hans-Jürgen Krahl, des brillantesten Theoretikers und Redners der Studentenbewegung, besetzt, in Karl Marx-Universität umbenannt, schließlich, nach der Verwüstung des Rektorats, durch die Polizei geräumt. Verzerrungen und Trübungen in der Wahrnehmung der Realität stellen sich auf beiden Seiten ein. Die Studenten verwechseln das Gerangel um die Universitätsgebäude mit der Revolution; während einer Tagung der Hofmannsthal-Gesellschaft in der gepflegten Abgeschiedenheit des Hotels «Frankfurter Hof» äußert der Vorsitzende die Befürchtung, ein plötzliches go-in des SDS stehe unmittelbar bevor. Adorno, scheidender Präsident der Deutschen Gesellschaft für Soziologie, eröffnet den 16. Soziologentag in Frankfurt mit dem Referat *Spätkapitalismus oder Industriegesellschaft?*, einer Fragestellung, die im Zeichen einer «formierten Gesellschaft» (Erhard) als Herausforderung wirken

Adorno und Hans-Jürgen Krahl, bei einer Podiumsdiskussion 1968

muß, aber er weigert sich weiterhin, dem zunehmenden Druck nachzugeben und sich an die Spitze der Bewegung zu stellen; neben dem Argument, durch die Hektik des Aktionismus versuchten die Protestierenden, das eigene Ohnmachtsgefühl zu betäuben – *Die Wenigen werden sich zu Vielen*[296] –, ist es vor allem die kaum noch getarnte Bereitschaft zur Gewalt, die ihn zurückschrecken läßt. Während selbst Peter Szondi sich auf die abstoßende Scheinheiligkeit der «Satire»-Ausrede einläßt – in seinem Gutachten «verurteilt» er zwar die in den Flugblättern enthaltenen «Injurien, Geschmacklosigkeiten und Unflätigkeiten», läßt sie jedoch «aus methodischen Gründen in der Analyse unberücksichtigt»[297] –, vermag Adorno es nicht, sich bei der Differenz von verbaler und faktischer Gewalt zu beruhigen. «Uchmann die Sau in den Drahtverhau» skandieren in Frankfurt Studenten gegen einen mißliebigen Staatsanwalt; zu einem Kollegen Adornos am Institut für Sozialforschung sagt Daniel Cohn-Bendit: «So ein reaktionäres Schwein wie Sie habe ich noch nie erlebt. Man sollte Sie kastrieren.»[298] Das Wort vom «Linksfaschismus», von Jürgen Habermas geprägt, macht die Runde. Am 31. Januar 1969 tritt die Katastrophe ein. Von seinem Dienstzimmer im Institut für Sozialforschung aus nimmt Adorno wahr, daß Studenten *in relativ geschlossener Gruppe, dicht, aber lose, im Geschwindmarsch um die Ecke* biegen (wie er später aussagen wird).[299] Als sie nach mehrfacher Aufforderung das Institut nicht verlassen, ruft Adorno die Polizei. Der Bruch mit den Studenten ist endgültig. Seine Vorlesung im Sommer-Semester kann nicht zu Ende geführt werden, nachdem sie mehrfach gestört worden ist; besonders irritiert ist Adorno über die Attacke einer Gruppe von Studentinnen, die mit entblößtem Oberkörper das Podium gestürmt hatten: schließlich habe er nie zu den Spießern gehört, die beim Anblick eines nackten Busens *Hihi* machten.[300] In dem Ende Juli stattfindenden Prozeß gegen Krahl läßt sich nicht mit letzter Sicherheit aufklären, ob tatsächlich eine Besetzung des Instituts bevorstand oder ob die Studenten nur von dem «Gewohnheitsrecht» Gebrauch machen wollten, im Institut zu Arbeitsgruppen zusammenzukommen. Der

Adorno läßt das besetzte Institut durch die Polizei räumen, Januar 1969

Fotografisches Selbstportrait

Staatsanwalt deutet an, daß er den Philosophen ohnehin für den eigentlich Verantwortlichen aller Ausschreitungen hält. Die Empörung ist groß, als Adorno darum bittet, seine Befragung rasch zu Ende zu führen, da er beabsichtige, in der folgenden Woche zu einem Ferienaufenthalt in die Schweiz zu fahren. Dort stirbt er am 6. August 1969. Während der Beerdigung auf dem Frankfurter Hauptfriedhof am 13. August bleiben die von der Polizei erwarteten Zwischenfälle aus.

Anmerkungen

1 Cf. GS X/2, 702–738
2 GS XVII, 303 seq.
3 Cf. P. v. Haselberg, «Wiesengrund-Adorno». In: Text + Kritik, Sonderband Th. W. Adorno, München 1977, 16
4 Cf. Leo Löwenthal, «Mitmachen wollte ich nie». Ffm. 1980, 17 seq.
5 Cf. Wolfgang Schivelbusch, Eine wilhelminische Oper. Ffm. 1982, 72–76
6 Kracauer, Schriften (ed. K. Witte), VII, Ffm. 1973, 41
7 Kracauer, op. cit., 58
8 Cf. Jacob Rosenheim, Erinnerungen 1870–1920. Ffm. 1970, 33
9 Cf. Wolfgang Schivelbusch, Intellektuellendämmerung. Ffm. 1982
10 Cf. v. Haselberg
11 Cf. Löwenthal, 32
12 Cf. Jürgen Habermas, «Theodor W. Adorno wäre am 11. September 66 Jahre alt geworden». In: Theodor W. Adorno zum Gedächtnis, ed. H. Schweppenhäuser, Ffm. 1971, 29 seq.
13 v. Haselberg, 17
14 Cf. v. Haselberg, 12
15 GS IV, 217
16 Cf. H. v. Hofmannsthal an R. Beer-Hofmann, 15. Mai 1895. Briefwechsel H. v. H. – R. B.-H., ed. Eugene Weber. Ffm. 1972, 47
17 Cf. Paul Kluke, Die Stiftungsuniversität Frankfurt am Main. 1914–1932. Ffm. 1972, 148
18 Cf. Kluke, 52
19 Cf. Kluke, 279
20 Cf. W. I. Lenin, Materialismus und Empiriokritizismus. Werke, XIV, Berlin 1975, 218
21 Cf. Carl Pettazzi, Th. Wiesengrund Adorno, Linee di origine e di sviluppo del pensiero (1903–1949). Firenze 1979, 40
22 Cf. Hartmut Scheible, Literarischer

Jugendstil in Wien. Zürich, München 1984
23 Hans Cornelius, Einleitung in die Philosophie. Leipzig 1903, 294
24 Cornelius, 297
25 Cornelius, VI
26 Cornelius, 52 seq.
27 Cornelius, V
28 Cornelius, 25
29 Cornelius, 234
30 Cornelius, 244
31 Cornelius, 244 seq.
32 Cornelius, 263
33 Cf. GS VI, 359
34 GS VI, 366
35 GS VI, 366
36 Hofmannsthal, Ein Brief. Werke, ed. H. Steiner, Prosa II. Ffm. 1959, 11 seq. (Hervorhebung nicht im Original.)
37 Edmund Husserl, Die Idee der Phänomenologie. GW II, Haag 1958, 34 seq.
38 Husserl, 3
39 Husserl, 55
40 Helmuth Plessner, Husserl in Göttingen. GS IX, Ffm. 1984
41 Husserl, 58
42 Husserl, 59
43 Husserl, 62
44 Cf. GS XVIII, 495
45 GS XVI, 441
46 Husserl, 31
47 Husserl, 70
48 Husserl, 39
49 Husserl, 56 seq.
50 Husserl, 73
51 Cf. GS VII, 127
52 CF. GS VII, 154–179
53 GS VII, 127
54 In: Löwenthal, 247
55 GS I, 11 seq.
56 GS I, 73
57 GS I, 11
58 GS I, 54

59 GS I, 33
60 GS I, 55
61 GS I, 81
62 GS I, 97
63 GS I, 100
64 Cf. Kant, Kritik der Urteilskraft, § 75
65 GS I, 136
66 GS I, 269
67 GS I, 210
68 GS I, 263
69 GS IV, 54
70 GS I, 317
71 GS I, 318
72 GS I, 318
73 GS I, 319
74 GS I, 320
75 Zitiert in: Burkhardt Lindner, Habilitationsakte Benjamin. Lili, H. 53/54, 1984, 159 seq.
76 Cf. Ulrike Migdal, Die Frühgeschichte des Frankfurter Instituts für Sozialforschung. Ffm., New York 1981, 10–29
77 Cf. Carl Grünberg, Festrede, gehalten zur Einweihung des Instituts für Sozialforschung am 22. Juni 1924 (= Frankfurter Universitätsreden, XX) Ffm. 1924, 7
78 Cf. Löwenthal, 65
79 Cf. G. Schmid Noerr, Bibliographie der Erstveröffentlichungen Max Horkheimers. In: M. H. heute, ed. A. Schmidt u. N. Altwicker, Ffm. 1986, 372–383
80 H. H. Stuckenschmidt, Zum Hören geboren. Ein Leben mit der Musik unserer Zeit. München, Zürich 1979, 89
81 GS IV, 122
82 v. Haselberg, 15
83 GS IV, 203
84 GS XVIII, 778–787
85 Cf. Hartmut Scheible, Dem Wahren Schönen Guten. Adornos Anfänge im Kontext. In: Idee Gestalt Geschichte. Festschrift für Klaus von See, ed. Gerd Wolfgang Weber. Odense 1988
86 Cf. Peter Cahn, Zum Frankfurter Musikleben in den zwanziger Jahren. In: Ein halbes Jahrhundert Kunst und Literatur. Was da ist in Frankfurt, ed. Gerhard König u. Adam Seide. Ffm. 1983, 292 seq.
87 GS XIX, 28
88 Cf. Karl Korn, Lange Lehrzeit. Ein deutsches Leben. Ffm. [2]1976, 142
89 GS XIX, 11

90 GS XIX, 30
91 GS XIX, 24
92 GS XIX, 22
93 GS XIX, 23 seq.
94 GS XVIII, 84
95 GS XVIII, 84
96 Frankfurter Zeitung, 2.5.1923; zit. nach Cahn, 216 seq.
97 GS XIX, 44
98 GS XIX, 226
99 Cf. GS XIX, 63 seq., 67
100 Cf. GS XVIII, 382, 369
101 GS XVIII, 369
102 Horkheimer, Notizen 1960 bis 1969 und Dämmerung, ed. W. Brede, Ffm. 1974, 256
103 GS XII, 11
104 GS XIX, 521
105 GS XIX, 596, 597
106 An Ernst Křenek, 8. Oktober 1930. Briefwechsel Adorno-Křenek, Ffm. 1974, 20
107 GS I, 325
108 Cf. G. Lukács, Die Theorie des Romans. Neuwied, Berlin [3]1965, 53
109 GS IV, 55
110 Hegel, Sämtliche Werke (Jubiläumsausgabe), ed. H. Glockner, II, Stuttgart-Bad Cannstatt 1964, 24
111 Hegel, V, 345
112 GS I, 331, 332, 334, 335
113 GS I, 334, 343, 335
114 GS I, 342
115 GS I, 338
116 GS I, 337, 340
117 GS XII
118 Cf. GS XIX, 635. Die Äußerungen Bergs sind im Anhang zitiert («Zeugnisse»)
119 Cf. Carl Schmitt, Politische Theologie. Berlin [3]1979, 75
120 GS II, 45, 47, 42
121 GS II, 98
122 GS II, 21
123 GS II, 62
124 GS II, 66
125 GS II, 181
126 GS II, 199
127 GS II, 183
128 GS II, 176
129 GS II, 179
130 GS II, 197, 195
131 GS II, 196, 200
132 An Ernst Křenek, 7.10.1934. Briefwechsel Adorno/Křenek, ed. Wolfgang Rogge. Ffm. 1974, 43
133 An Löwenthal, 16.5.1934; in: Löwenthal, 251

134 An Křenek, 7.10.1934, 43
135 GS XIX, 242 seq.
136 Cf. GS VII, 16
137 Cf. Hannah Arendt/Karl Jaspers, Briefwechsel 1926–1969, ed. L. Köhler u. H. Saner. München, Zürich 1985, 679
138 GS XIX, 331, 332
139 GS XIX, 332
140 v. Haselberg, 18
141 GS XIX, 223, 224
142 GS XIX, 253, 255
143 An Löwenthal, 6.7.1934; in: Löwenthal, 256
144 An Křenek, 7.10.1934
145 An Křenek, 1.3.1935 (Briefwechsel, 61)
146 An Křenek, 8.3.1935 (Briefwechsel, 65)
147 Cf. Rolf Tiedemann, Editorische Nachbemerkung. GS V, 386
148 GS V, 19
149 GS V, 257
150 GS V, 235
151 GS V, 193
152 GS V, 194
153 GS V, 34
154 Cf. GS VI, 23 seq.
155 Hegel, IV, 80
156 Hegel, loc. cit.
157 GS V, 197
158 MEW 23, 86
159 Ebd., 88
160 Cf. GS II, 179 und passim
161 Cf. ZfS 5 (1936), 238
162 Benjamin an Scholem, 9.5.1926. Briefe I, 425
163 Benjamin an Rychner, 7.3.1931. Briefe II, 522
164 Scholem an Benjamin. 30.3.1931. Briefe II, 526
165 Benjamin an Scholem. 9.8.1935. Briefwechsel Benjamin/Scholem, ed. Gershom Scholem, Ffm. 1980, 202
166 Benjamin, GS V/1, Ffm. 1982, 46
167 MEW 23, 791
168 Adorno an Benjamin, 2.8.1935. Briefe II, 672, 673
169 Benjamin an Scholem, 9.8.1935. Briefwechsel Benjamin/Scholem, 201
170 Cf. Bloch an Adorno, Dezember 1934. Bloch, Briefe, Ffm. 1985, II, 423
171 Briefwechsel Kracauer/Adorno, unveröffentlicht (Deutsches Literaturarchiv, Marbach a. N.)
172 Adorno an Benjamin, 6.11.1934. Benjamin GS V/2, 1106
173 Benjamin, GS II/1, 378

174 Cf. Benjamin, GS I/1, Ffm. 1974, 216
175 Benjamin, GS I/1, 378 seq.
176 Benjamin, GS I/2, 479
177 Benjamin, GS I/1, 195
178 Benjamin, GS I/2, 473
179 Benjamin, GS I/2, 473, 480, 481, 482
180 Benjamin, GS I/2, 504, 496 seq.
181 Benjamin, GS I/2, 488
182 Benjamin, GS I/2, 495
183 Benjamin, GS I/2, 505
184 Benjamin, GS I/2, 492 seq.
185 Adorno an Benjamin, 18.3.1936. Über WB, Frankfurt 1963, 128, 132
186 Heinrich Brüning, Memoiren 1918–1934. Stuttgart 1970, 687, 648
187 Cf. Helmut Dubiel, Wissenschaftsorganisation und politische Erfahrung. Ffm. 1978, 25
188 ZfS 6 (1937), 267, 262
189 ZfS 6 (1937), 270
190 ZfS 6 (1937), 270
191 Benjamin an Horkheimer, 31.1.1937. Briefe II, 728
192 Adorno an Benjamin, 10.11.1938. Über WB, 143
193 Benjamin, 2.8.1940. Briefe II, 861
194 GS X/2, 736
195 Cf. GS IV, 44
196 GS X/2, 702 seq.
197 Paul F. Lazarsfeld, An Episode in the History of Social Research: A Memoir. In: Donald Fleming, Bernard Bailyn, eds., The Intellectual Migration. Cambridge 1964, 299
198 Zum Wiener Kreis cf. Evelyn Gröbl, Wissenschaftliche Weltauffassung als politischer Anspruch. In: Geschichte als demokratischer Auftrag. Karl R. Stadler zum 70. Geburtstag. Wien, München, Zürich 1983, 205–237
199 Cf. Lazarsfeld, op. cit.
200 Cf. GS X/2, 712
201 Lazarsfeld, op. cit., 284
202 Cf. David E. Morrison, Kultur and Culture: The Case of Theodor W. Adorno and Paul F. Lazarsfeld. In: Social Research 45 (1978), 338–342
203 Morrison, op. cit., 349, 340, 351
204 Lazarsfeld, op. cit., 273, 279
205 Lazarsfeld, op. cit., 279 seq.
206 GS X/2, 706 seq.
207 GS X/2, 711 seq.
208 Cf. ZfS 7 (1938), 348
209 GS X/2, 715
210 Lazarsfeld an Adorno, zit. bei Morrison, 343
211 Cf. Morrison, op. cit.
212 GS X/2, 715

213 GS X/2, 721
214 GS XIII, 141
215 GS XIII, 143
216 Cf. GS VII, 363 seq.
217 Horkheimer, Die Juden und Europa. Zfs 8 (1939/40), 115
218 GS III, 19
219 GS III, 16
220 GS III, 16
221 GS III, 64
222 GS III, 140, 139, 136
223 Cf. Hartmut Scheible, Wahrheit und Subjekt, Ästhetik im bürgerlichen Zeitalter. Reinbek 1988, 161–163
224 GS III, 142, 171, 144
225 GS III, 22
226 GS III, 32
227 GS III, 188
228 GS III, 229
229 GS III, 206
230 GS III, 208
231 GS III, 212, 213
232 GS III, 215
233 GS III, 217, 225
234 GS III, 225
235 GS IV, 92
236 GS IV, 281
237 GS VIII, 19
238 GS IV, 130
239 GS IV, 182 seq.
240 GS VI, 277
241 GS XII, 68
242 GS XII, 37
243 Cf. GS X/1, 30
244 Cf. Herbert H. Hyman, Paul B. Sheatsley, «The Authoritarian Personality» – A Methodological Critique. In: The Authoritarian Personality, ed. R. Christie, M. Jahoda Glenroe, Ill, 1954, 53
245 GS IX/1, 149
246 GS IX/1, 201
247 GS IX/1, 194, 189, 194
248 Cf. GS IX/1, 13
249 Cf. GS IX/1, 158
250 GS IX/1, 461
251 GS IV, 215
252 GS IX/1, 395
253 Cf. GS IX/1, 505–508. Mit diesem Portrait, das in ein Lob der intakten Familie als des besten Schutzes gegen Anfälligkeit für faschistisches Denken übergeht, schließt der von Adorno verfaßte Teil des Sammelwerks.
254 Cf. Hartmut Scheible, Geschichte im Stillstand. Zur ästhetischen Theorie Th. W. Adornos. In: Text + Kritik, Sonderband Adorno, München 1977

255 Hyman/Sheatsley, 70 seq.
256 GS IX/1, 369
257 GS IX/1, 440
258 Cf. GS IX/1, 158
259 GS X/2, 700
260 Vortrag des Magistrats an die Stadtverordneten-Versammlung, 8. Januar 1951. Stadtarchiv Frankfurt a. M., M 354
261 Frankfurter Rundschau, 22. November 1951
262 Frankfurter Rundschau, 22. November 1952
263 Frankfurter Rundschau, 14. und 15. November 1951
264 Hofmannsthal, Der Rosenkavalier. Ffm. 1962, 114
265 Frankfurter Allgemeine Zeitung, 12. Juli 1960
266 Cf. GS XI, 69
267 GS VIII, 482
268 GS VIII, 479
269 GS VIII, 493
270 GS VI, 274
271 GS VIII, 487
272 l. c.
273 l. c.
274 GS X/2, 734
275 GS X/2, 727
276 GS VIII, 197
277 GS VIII, 209
278 l. c.
279 GS VIII, 207
280 GS VIII, 212
281 GS XI, 413
282 Süddeutsche Zeitung, Silvester 1966/Neujahr 1967
283 GS VIII, 185
284 Cf. GS VIII, 190–192
285 Cf. GS VIII
286 GS XVII, 204
287 GS XVII, 232
288 GS XVII, 241
289 GS XVIII, 228
290 M. Heidegger, Sein und Zeit, Tübingen [11]1967, 261
291 GS VI, 420
292 GS VI, 15
293 GS VI, 17, 20, 24
294 Cf. GS VI, 44
295 Cf. Eduard Hanslick, Vom Musikalisch-Schönen (1854). Leipzig 1922, 59
296 GS X/2, 797
297 Peter Szondi, Über eine «Freie (d. h. freie) Universität». Ffm. 1973, 38
298 Der Spiegel Nr. 26/1969, 47
299 Frankfurter Rundschau, 19. Juli 1969
300 Cf. Der Spiegel Nr. 19/1969, 206

Zeittafel

1903	11. September: Theodor Ludwig Wiesengrund-Adorno in Frankfurt am Main geboren
1919	Kompositionsunterricht bei Bernhard Sekles
1921	Studium der Philosophie, Musikwissenschaft und Psychologie in Frankfurt. Beginn der Tätigkeit als Musikkritiker
1924	Promotion mit einer Arbeit über Husserl
1925	Übersiedlung nach Wien. Studium bei Alban Berg (Komposition) und Eduard Steuermann (Klavier)
1927	Nach der Rückkehr nach Frankfurt: Erste Versuche einer Verbindung von Musik- und Ideologiekritik im Zusammenhang der Annäherung an den Kreis um Max Horkheimer. Die erste Habilitationsschrift (*Der Begriff des Unbewußten in der transzendentalen Seelenlehre*) muß zurückgezogen werden
1928–1931	Redakteur der Wiener Musikzeitschrift «Anbruch»
1931	Habilitation mit einer Arbeit über Kierkegaard
1934–1937	Nach dem Entzug der venia legendi im September 1933 als «advanced student» am Merton College in Oxford (England). Heirat mit Dr. Margarete Karplus. Zahlreiche Aufenhalte in Deutschland
1938	Übersiedlung nach New York. Mitglied des Instituts für Sozialforschung. Mitarbeit am Princeton Radio Research Project. Höhepunkt der Auseinandersetzung mit Walter Benjamin
1941–1949	Los Angeles. In Zusammenarbeit mit Horkheimer entsteht die *Dialektik der Aufklärung*. Seit 1944 Teilnahme am Berkeley Project on the Nature and Extent of Antisemitism, aus dem die Studie *The Authoritarian Personality* hervorgeht, an der Adorno wesentlichen Anteil hat. Die Hauptwerke *Minima Moralia* und *Philosophie der neuen Musik* entstehen
1949	Rückkehr nach Frankfurt; apl. Professor am wiedererrichteten Institut für Sozialforschung und an der Universität (1956 Ordinarius)
1952–1953	Letzter Aufenthalt in den USA; wissenschaftlicher Leiter der Hacker Foundation
1961	«Positivismusstreit», ausgehend von Referaten Poppers und Adornos *Zur Logik der Sozialwissenschaften*
1963	Vorsitzender der Deutschen Gesellschaft für Soziologie. Goethe-Plakette
seit 1968	Schwere Auseinandersetzungen mit Studenten
1969	31. Januar: Adorno läßt das Institut für Sozialforschung durch die Polizei räumen. Im Sommersemester Sprengung der Vorlesung 6. August: Tod durch Herzinfarkt in Visp (Wallis, Schweiz)

Zeugnisse

Alban Berg
Ich bin zu der sichern Überzeugung gekommen, daß Sie auf diesem Gebiet der tiefsten Erkenntnis der Musik (in allen ihren bisher noch unerforschten Belangen, sei es philosophischer, kunsthistorischer, theoretischer, sozialer, geschichtlicher etc. etc. Natur) das Höchste zu leisten berufen sind u. es in Form großer philosophischer Werke auch erfüllen werden. Ob dabei nicht Ihr musikalisches Schaffen (ich meine das Komponieren), auf das ich so große Dinge setze, zu kurz kommt, ist eine Angst, die mich immer befällt, wenn ich an Sie denke. Es ist ja klar: Eines Tages werden Sie sich, da Sie doch Einer sind, der nur auf's Ganze geht (Gott sei Dank!) für Kant oder Beethoven entscheiden müssen. *1925*

Thomas Mann
Adorno ist einer der feinsten, schärfsten und kritisch tiefsten Köpfe, die heute wirken. Selbst schaffender Musiker, ist er zugleich mit einer analytischen Fähigkeit und einem sprachlichen Ausdrucksvermögen begabt, deren Präzision und aufhellende Kraft ihresgleichen suchen, und ich wüßte nicht, wer dem Publikum über die gegenwärtige Situation der Musik klügere und erfahrenere Auskunft zu geben wüßte, als er. Ich kenne sein Werk [*Philosophie der neuen Musik*] sehr wohl: es hat mir in gewissen Teilen Anregung und Belehrung gewährt bei meinem Musiker-Roman «Doktor Faustus», und ich wünsche sehr, daß ihm in dem Lande, in dessen Sprache es geschrieben ist, die Anerkennung zuteil werde, die ihm gebührt. *1948*

Arnold Schönberg
Ich habe ihn ja nie leiden können [...] Es muß nicht bestritten werden, daß er gewisse schätzenswerte Fähigkeiten besitzt. Er ist sehr musikalisch, spielt gut Klavier, besitzt eine große Kenntnis der musikalischen Literatur, wovon er viel durch sein gutes Gedächtnis auswendig spielen kann. Er hat sich viel und mit Erfolg in musikalisch-theoretischen Problemen umgesehen und kennt die Geschichte unserer Kunst aufs Gründlichste. *1950*

Georg Lukács
Ein beträchtlicher Teil der führenden deutschen Intelligenz, darunter auch Adorno, hat das «Grand Hotel Abgrund» bezogen, ein – wie ich bei Gelegenheit der Kritik Schopenhauers schrieb – «schönes, mit allem Komfort ausgestattetes Hotel am Rande des Abgrunds, des Nichts, der Sinnlosigkeit. Und der tägliche Anblick des Abgrunds, zwischen behaglich genossenen Mahlzeiten oder Kunstproduktionen, kann die Freude an diesem raffinierten Komfort nur erhöhen.» *1962*

Jürgen Habermas
Wenn die Kraft analytischer Einsichten dem Leiden gleich ist, aus dessen Erfahrung sie stammen, dann ist das Maß der Verletzbarkeit und der Verletztheit Adornos philosophisches Potential. *1963*

Heinz-Klaus Metzger
Adornos Musikbücher sind keine Bücher über Musik. Man kann des Eindrucks nicht sich erwehren, daß in musicis die Philosophie weiter sei als die Musik, die noch nicht die potentielle Freiheit des Subjekts hat denken können, ja nicht einmal die legitime Möglichkeit recht ergriff, sie sich träumen zu lassen. Adornos musikalische Schriften sind musikalischer als die Musik. *1964*

Bibliographie

1. Bibliographien

SCHULTZ, KLAUS: Vorläufige Bibliographie der Schriften Th. W. Adornos. In: SCHWEPPENHÄUSER, H. (Hg.): Th. W. Adorno zum Gedächtnis. Eine Sammlung. Frankfurt a. M. 1971, S. 177–239

PETTAZZI, CARLO: Kommentierte Bibliographie zu Th. W. Adorno. In: ARNOLD, H. L. (Hg.): Theodor W. Adorno, Text + Kritik, Sonderband, München 1977, S. 176–191

LANG, PETER CHRISTIAN: Kommentierte Auswahlbibliographie 1969–1979. In: LINDNER, B./LÜDKE, W. M. (Hg.): Materialien zur ästhetischen Theorie Th. W. Adornos. Konstruktion der Moderne, Frankfurt a. M. 1980, S. 509–556

GÖRTZEN, RENÉ: Theodor W. Adorno. Vorläufige Bibliographie seiner Schriften und Sekundärliteratur. In: FRIEDEBURG, L. v./HABERMAS, J. (Hg.): Adorno-Konferenz 1983. Frankfurt a. M. 1983, S. 402–471

2. Gesammelte Schriften

Gesammelte Schriften. 20 Bände. Frankfurt a. M. 1970–86. Hg. von ROLF TIEDEMANN

1	Philosophische Frühschriften. 1973
2	Kierkegaard. 1979
3	Dialektik der Aufklärung. 1981
4	Minima Moralia. 1980
5	Zur Metakritik der Erkenntnistheorie – Drei Studien zu Hegel. 1970
6	Negative Dialektik – Jargon der Eigentlichkeit. 1973
7	Ästhetische Theorie. 1970
8	Soziologische Schriften I. 1972
9.1	Soziologische Schriften II. Erste Hälfte. 1975
9.2	Soziologische Schriften II. Zweite Hälfte. 1975
10.1	Kulturkritik und Gesellschaft I. Prismen – Ohne Leitbild. 1977
10.2	Kulturkritik und Gesellschaft II. Eingriffe. Neun kritische Modelle – Stichworte. Kritische Modelle 2 – Kritische Modelle 3. 1977
11	Noten zur Literatur. 1974
12	Philosophie der neuen Musik. 1975
13	Die musikalischen Monographien. Versuch über Wagner – Mahler – Berg. 1971
14	Dissonanzen – Einleitung in die Musiksoziologie. 1973
15	Komposition für den Film – Der getreue Korrepetitor. 1976
16	Musikalische Schriften I–III. Klangfiguren. Musikalische Schriften I – Quasi una fantasia. Musikalische Schriften II – Musikalische Schriften III. 1978
17	Musikalische Schriften IV. Moments musicaux – Impromptus. 1982
18	Musikalische Schriften V. 1984
19	Musikalische Schriften VI. 1984
20.1	Vermischte Schriften. Erste Hälfte. 1986
20.2	Vermischte Schriften. Zweite Hälfte. 1986

3. Editionen des Theodor W. Adorno-Archivs

(Fragmente, Vorlesungen, philosophische Tagebücher und Briefe; ca. 20 Bände; in Vorbereitung)
1 Beethoven. Philosophie der Musik
2 Theorie der musikalischen Reproduktion
3 Current of Music. Elements of a Radio Theory

4. Kompositionen

Kompositionen Band 1: Lieder für Singstimme und Klavier. 1980
Kompositionen Band 2: Kammermusik, Chöre, Orchestrales. München 1980
  Hg. von HEINZ-KLAUS METZGER und RAINER RIEHN

5. Briefe

WALTER BENJAMIN, Briefe. 2 Bde. Hg. und mit Anmerkungen versehen von GERSHOM SCHOLEM und THEODOR W. ADORNO. Frankfurt a. M. 1966
THEODOR W. ADORNO, Über Walter Benjamin. Hg. von ROLF TIEDEMANN. Frankfurt a. M. 1970 [S. 103–160: Aus Briefen Adornos an Benjamin]
Theodor W. Adorno und Ernst Křenek. Briefwechsel. Hg. von WOLFGANG ROGGE. Frankfurt a. M. 1974
LEO LÖWENTHAL, Mitmachen wollte ich nie. Ein autobiographisches Gespräch mit HELMUT DUBIEL. Frankfurt a. M. 1980 [Im Anhang drei Briefe von Adorno]
LEO LÖWENTHAL, Schriften 4. Hg. von HELMUT DUBIEL. Frankfurt a. M. 1984 [S. 153–181: Briefwechsel Löwenthal-Adorno]
ERNST BLOCH, Briefe 1903–1975, 2 Bde. Hg. von KAROLA BLOCH u. a. Frankfurt a. M. 1985 [S. 407–456: Briefe Blochs an Adorno 1928–1968]
Theodor W. Adorno und Siegfried Kracauer, Briefwechsel. Unveröffentlicht. Deutsches Literaturarchiv, Marbach am Neckar

6. Forschungsliteratur (Auswahl)

ARNOLD, HEINZ LUDWIG (Hg.): Text + Kritik, Sonderband Theodor W. Adorno, besorgt von HARTMUT SCHEIBLE. München 1977
BONSS, WOLFGANG/HONNETH, AXEL (Hg.): Sozialforschung als Kritik. Zum sozialwissenschaftlichen Potential der Kritischen Theorie, Frankfurt a. M. 1982
BUCK-MORSS, SUSAN: The Origin of Negative Dialectics. Theodor W. Adorno, Walter Benjamin and the Frankfurt Institute. Hassocks, Sussex 1977, New York 1979
DUBIEL, HELMUT: Wissenschaftsorganisation und politische Erfahrung. Studien zur frühen Kritischen Theorie. Frankfurt a. M. 1978
FRIEDEBURG, LUDWIG v./HABERMAS, JÜRGEN (Hg.): Adorno-Konferenz 1983, Frankfurt a. M. 1983
GRENZ, FRIEDEMANN: Adornos Philosophie in Grundbegriffen: Auflösung einiger Deutungsprobleme. Frankfurt a. M. 1974
HABERMAS, JÜRGEN: Philosophisch-politische Profile. Frankfurt a. M. 1971.
Der philosophische Diskurs der Moderne. Zwölf Vorlesungen. Frankfurt a. M. 1985
HELD, DAVID: Introduction to Critical Theory. From Horkheimer to Habermas. London usw. 1980

HOFFMANN, RAINER: Figuren des Scheins. Studien zum Sprachbild und zur Denkform Theodor W. Adornos. Bonn 1984

JAY, MARTIN: The Dialectical Imagination. A History of the Frankfurt School and the Institute of Social Research, 1923–1950. Boston, Toronto 1973. Deutsch: Dialektische Phantasie. Die Geschichte der Frankfurter Schule und des Instituts für Sozialforschung, 1923–1950. Frankfurt a. M. 1976 Adorno. London 1984

KAISER, GERHARD: Benjamin. Adorno. Zwei Studien. Frankfurt a. M. 1974

KOLLERITSCH, OTTO (Hg.): Adorno und die Musik. Graz 1979

KÜNZLI, ARNOLD: Aufklärung und Dialektik. Freiburg 1971

LINDNER, BURKHARDT/W. MARTIN LÜDKE (Hg.): Materialien zur ästhetischen Theorie Theodor W. Adornos. Konstruktion der Moderne. Frankfurt a. M. 1980

LUNN, EUGENE: Marxism and Modernism. An Historical Study of Lukács, Brecht, Benjamin an Adorno. Berkeley usw. 1982

MÖRCHEN, HERMANN: Adorno und Heidegger. Untersuchung einer philosophischen Kommunikationsverweigerung. Stuttgart 1981

OPPENS, KURT [u. a.]: Über Theodor W. Adorno. Frankfurt a. M. 1968

PETTAZZI, CARLO: Theodor Wiesengrund-Adorno. Firenze 1979

REIJEN, WILLEM VAN: Adorno zur Einführung. Hannover 1980

SCHEIBLE, HARTMUT: Wahrheit und Subjekt. Ästhetik im bürgerlichen Zeitalter. Bern, München 1984 und Reinbek 1988

SCHWEPPENHÄUSER, HERMANN (Hg.): Theodor W. Adorno zum Gedächtnis. Eine Sammlung. Frankfurt a. M. 1971

TAR, ZOLTÁN: The Frankfurt School. The Critical Theories of Max Horkheimer and Theodor W. Adorno. New York, London, Sydney, Toronto 1977

WIGGERSHAUS, ROLF: Die Frankfurter Schule. München 1986 Theodor W. Adorno. München 1987

Namenregister

Die kursiv gesetzten Zahlen bezeichnen die Abbildungen

Adenauer, Konrad 125, 140, *129*
Adickes, Franz 21
Adolf, Herzog von Nassau 10
Adorno, Gretel 47, 69, *69*
Arendt, Hannah 71
Avenarius, Richard 22

Bach, Johann Sebastian 52
Bartók, Béla 50, 53
Baudelaire, Charles 93
Becker, Carl Heinrich 22
Beethoven, Ludwig van 52
Benjamin, Walter 8, 13, 17, 27, 29, 47, 62, 65, 69, 80f, 93, 100, 103, 122, 130, *81*
Berg, Alban 7, 14, 33, 35f, 62, 95, 97, 117, 123, *37*
Bloch, Ernst 21, 47, 67, 84, *66*
Böll, Heinrich *143*
Bollnow, Otto Friedrich 139
Bradley, F. H. 113
Brecht, Bertolt 47, 87f, *88*
Buber, Martin 13, 17
Busoni, Ferruccio 50

Calvelli-Adorno delle Piane, Agathe 8, *19*
Chaplin, Charlie 87, 89, 107
Cohen, Hermann 29
Cohn-Bendit, Daniel 144
Cornelius, Hans 7, 22f, 31, 33, 35f, 38, 41f, 44, 46, *24*
Cortés, Donoso 62

Dill 126
Dutschke, Rudi 143

Eckert, Christian 46
Eisenhower, Dwight D. 126
Eisler, Hanns 47, *47*
Elias, Norbert 124
Erhard, Ludwig 140, 143

Fellner, Karl 21
Freud, Sigmund 32, 41, 61, 130, *40*
Fromm, Erich 12, 17, 42, 49
Furtwängler, Wilhelm 50

George, Stefan 51, 86, 139
Goebbels, Joseph 71, 73
Goethe, Johann Wolfgang von 72, 86

Gounod, Charles 72
Grieg, Edvard 8
Grünberg, Carl 45f

Habermas, Jürgen 145
Hacker, Friedrich 130
Händel, Georg Friedrich 52
Hanslick, Eduard 141
Hegel, Georg Wilhelm Friedrich 60, 64, 69, 76, 79f, 82, 93, 113
Heidegger, Martin 39, 62, 133, 139f, *140*
Hindemith, Paul 50, 52, 136
Hirsch, Samson Raphael 12
Hitler, Adolf 48, 55, 69, 91, 102, *73*
Hofmannsthal, Hugo von 30
Holde, Arthur 50
Horkheimer, Max 8, 43f, 46, 49, 55, 58, 74, 83, 90f, 95, 101f, 104, 106, 110, 113, 118, 124, 125f, 140, *129*
Horney, Karen 42
Husserl, Edmund 29f, 36, 38f, 69, 75f, 80, *30*

Jünger, Ernst 72

Kálmán, Emmerich 70
Kant, Immanuel 22, 27, 32f, 39f, 106f
Karplus, Gretel s. u. Gretel Adorno
Kierkegaard, Sören 7, 58, 62f, 67f, 81, *65*
Klemperer, Otto 47
Korsch, Karl 45
Kracauer, Siegfried 9, 13, 84, *85*
Krahl, Hans-Jürgen 143, 145, *144*
Kramer, Ferdinand 141
Kraus, Karl 71
Krause, Max 14
Křenek, Ernst 74, *75*

Langhans, Rainer 142
Lazarsfeld, Paul F. 95, 97f, 101, *97*
Lenin, Wladimir I. (Vladimir I. Uljanov) 22, 32
Lindemann, Hugo 46
Löwenthal, Daniel *36*
Löwenthal, Leo 9, 13, 17, 35, 49, *36*
Lukács, Georg 21, 45, 58f, 61, *59*

Mach, Ernst 22
Mahler, Gustav 53, 139
Mahler, Horst 142
Mann, Thomas 117, *117*

Mannheim, Karl 124
Mark Twain (Samuel Langhorne Clemens) 69
Marshall 98
Marx, Karl 55, 57, 59, 80, 82f, 91, 100, 103
Michelet, Jules 83
Miquel, Johannes von 21
Molotow, Wjatscheslaw M. (Vjačeslav M. Skrjabin) *102*
Mörike, Eduard 139
Müntzel, Herbert 71

Natorp, Paul 29
Neumann, Franz 101
Newton, Sir Isaac 40
Nietzsche, Friedrich 42, 106
Nobel, Nehemias Anton 13

Ohnesorg, Benno 142

Papen, Franz von 91
Patti, Adelina 8
Pergolesi, Giovanni Battista 52
Pfitzner, Hans 51
Picasso, Pablo (Pablo Ruiz y Picasso) 87
Plessner, Helmuth 32
Pollock, Friedrich 125
Popper, Sir Karl 128f, *130*
Proust, Marcel 29

Ribbentrop, Joachim von *102*
Rickert, Heinrich 29
Rilke, Rainer Maria 52
Rosenzweig, Franz 13
Rottenberg, Ludwig 50

Sade, Donatien Alphonse François Marquis de 106
Scarlatti, Alessandro 52
Scheler, Max 46

Schelling, Friedrich Wilhelm von 106
Scherchen, Hermann 50
Schiller, Friedrich 89
Schirach, Baldur von 71
Schleicher, Kurt von 91
Schmitt, Carl 39, 62, *63*
Scholem, Gerhard 83f
Schönberg, Arnold 50f, 53f, 57, 71f, 117, 125, *54*
Schopenhauer, Arthur 11
Schreker, Franz 50
Schubert, Franz 101
Sekles, Bernhard 50
Simon, Ernst 13
Stalin, Josef (Iosip V. Džugašvili) 55, 102, *102*
Stephan, Rudi 50
Strawinsky, Igor 50f, *51*
Stuckenschmidt, Hans Heinz 47
Szondi, Peter 144

Teufel, Fritz 142
Thälmann, Ernst 82
Thomas, Martin Luther 120
Tillich, Paul 58
Tönnies, Ferdinand 127

Uchmann 144
Unseld, Siegfried *143*

Wagner, Richard 72, 103
Weber, Max 24, 33, 42, 53, *25*
Webern, Anton von 135
Weil, Felix 45, 125, *44*
Weil, Hermann 45, *45*
Weill, Kurt 47
Wiese, Leopold von 46
Wiesengrund, Oscar Alexander 8f, 12
Windelband, Wilhelm 29

Über den Autor

Hartmut Scheible, geb. 1942 in Frankfurt am Main, ist Professor am Institut für Deutsche Sprache und Literatur I der Johann Wolfgang Goethe-Universität in Frankfurt am Main.

Buchveröffentlichungen: «Joseph Roth. Mit einem Essay über Gustave Flaubert», Stuttgart 1971; «Arthur Schnitzler», Reinbek 1976 (Rowohlt-Monographie); «Arthur Schnitzler und die Aufklärung», München 1977; «Arthur Schnitzler in neuer Sicht» (Hg.), München 1981; «Wahrheit und Subjekt. Ästhetik im bürgerlichen Zeitalter», Bern, München 1984 und Reinbek 1988 (Rowohlts Enzyklopädie); «Literarischer Jugendstil in Wien», München, Zürich 1984; Giacomo Casanova, «Das Duell». Herausgegeben, aus dem Italienischen übertragen und mit einem Nachwort von Hartmut Scheible, München 1988. Aufsätze über Horkheimer, Andy Warhol, Goethe und Mozart.

Für «Text + Kritik» besorgte er den Sonderband über Theodor W. Adorno (1977); darin: «Geschichte im Stillstand. Zur ästhetischen Theorie Theodor W. Adornos». In der Festschrift für Klaus von See (Odense 1988, S. 627–712) erschien: «Dem Wahren Schönen Guten». Adornos Anfänge im Kontext. Hier sind einige Themen, die aus Raumgründen in dieser Monographie nicht behandelt werden konnten, ausführlich dargestellt.

Quellennachweis der Abbildungen

Ilse Meyer-Gehrken: 6, 132, 142
Stadtarchiv Frankfurt: 10, 17
Hartmut Scheible: 11, 134
Städtische Galerie im Städel, Frankfurt: 12
Theodor W. Adorno Archiv, Frankfurt: 15, 78, 109, 138
M. Fahs, Amorbach: 16
Schiller-Nationalmuseum, Marbach: 19
Sammlung Leo Löwenthal, Berkeley: 23, 36, 85
Stadt- und Universitätsbibliothek Frankfurt a. M., Max Horkheimer-Archiv: 24, 44, 45, 46, 56, 96, 116, 126, 127, 129
Leif Geiges, Stauffen: 25
Ullstein-Bilderdienst: 30, 37o., 51, 63, 75, 88, 92, 102 (Ullstein-Eschen), 140
Helene Berg, Wien: 37u.
Österreichische Nationalbibliothek, Wien: 40, 97
Hanns Eisler-Archiv: 47
Eberhard Freitag: 54
Maria Popper, London: 59
Det Kongelige Bibliothek, Kopenhagen: 65
Karola Bloch, Tübingen: 66
Aus: Frankfurt Chronik: Frankfurt [2]1977: 73
BBC Hulton Picture Library, London: 76
Suhrkamp Verlag, Frankfurt: 81
Bilderdienst Süddeutscher Verlag, München: 95
Deutsche Bibliothek, Frankfurt: 105, 121
Institut für Alte Geschichte und Klassische Archäologie der Universität Wien: 107
Aus: Lydia Chagoll: Im Namen Hitlers. Frankfurt/Köln 1979: 112
Camera Press, London: 117
Franz-Photographs, Dunedin: 130
Hans Puttnies, Frankfurt: 135, 136/137
dpa: 143
Barbara Klemm, Frankfurt: 144, 145
Stefan Moses, München: 146

Philosophie

rowohlts monographien
Begründet von Kurt Kusenberg, herausgegeben von Wolfgang Müller und Uwe Naumann.

Eine Auswahl:

Theodor W. Adorno
dagestellt von Hartmut Scheible
(400)

Hannah Arendt
dargestellt von Wolfgang Heuer
(379)

Aristoteles
dargestellt von J.-M. Zemb
(063)

Walter Benjamin
dargestellt von Bern Witte
(341)

Ludwig Feuerbach
dargestellt von Hans-Martin Sass
(269)

Johann Gottlieb Fichte
dargestellt von Wilhelm G. Jacobs
(336)

Martin Heidegger
dargestellt von Walter Biemel
(200)

Karl Jaspers
dargestellt von Hans Saner
(169)

Immanuel Kant
dargestellt von Uwe Schultz
(101)

Konfuzius
dargestellt von P. Do-Dinh
(042)

Karl Marx
dargestellt von Werner Blumenberg
(076)

Platon
dargestellt von Gottfried Martin
(150)

Karl Popper
dargestellt von Manfred Geier.
(468)

Jean-Paul Sartre
dargestellt von Walter Biemel
(087)

Max Scheler
dargestellt von Wilhelm Mader
(290)

Rudolf Steiner
dargestellt von Christoph Lindenberg
(500)

Max Weber
dargestellt von Hans Norbert Fügen
(216)

rowohlts monographien